나는 퇴근 후
온라인 마켓으로
출근한다

나는 퇴근 후
온라인 마켓으로
출근한다

1판 1쇄 펴낸 날 2019년 6월 24일

지은이 허지영
펴낸이 나성원
펴낸곳 나비의활주로

기획편집 유지은
디자인 design BIGWAVE

주소 서울시 강북구 삼양로 85길, 36
전화 070-7643-7272
팩스 02-6499-0595
전자우편 butterflyrun@naver.com
출판등록 제2010-000138호

ISBN 979-11-88230-75-4 03320

★ ★ ★ ★

퇴근 후 시간 투자로 추가 수입 올리는 법

나는 퇴근 후 온라인 마켓으로 출근한다

허지영 지음

나비의 활주로

직장에 다니면서
누구든지 온라인 마켓 창업,
얼마든지 시작할 수 있다

누구나 한 번쯤은 창업을 꿈꾼다. 그래서인지 창업에 도전하는 사람도, 포기하는 사람도 많다. 창업을 시작하기에 앞서 놓쳐서는 안 되는 것이 있다. 바로 '진짜 내가 원하는 인생'은 무엇인지 자신에게 질문을 던지는 것이다. 이에 대한 답을 찾아가는 것과 창업의 과정이 많이 닮았기 때문이다. 우리의 삶은 어쩌면 '진정한 나'를 찾아가는 일인지도 모른다. 다양한 경험과 도전을 통해서 말이다.

창업을 결심할 때 '당신의 생각이 옳다'고 응원해주는 사람이 없어서 너무나 쉽게 꿈을 접는 경우가 많다. 그런데 왜 자신의 인생을 책임지지 못하는 사람의 말에 크게 영향을 받아 자기 삶의 방향을 결정하는 걸까? 마음은 왜 시도 때도 없이 흔들리는 걸까? 눈에 보이지 않는 미래를 향해 나아가면서 자신에 대한 믿음조차 없다면 과연 어떤 희망으로 살아갈 수 있을까? 보이지 않는 결과물을 만들어내기 위해 자신에게 투자하고 공부하며, 흔들리더라도 나아갈 수 있는 힘은 어디에서 나올까?

누구나 꿈을 가지고 있다. 그리고 마음속에 그려진 꿈이 눈앞의 현실로 펼쳐질지 아니면 그저 상상으로 남을지는 자신이 선택하는 것이다. 자신이 꿈꾸던 삶을 살아가는 이들은 마음이 강해서 그런 결과를 얻은 것이 아니다. 흔들리고 넘어져도 다시 일어서기 때문에 가능했던 것이다. 결국에는 '내 길을 갈 수 있을 거라는 자신에 대한 믿음'이 있기 때문이다. 단 한 번도 불가능에 도전해보지 않고서 자신에게 한계를 지어서는 안 된다. 원하는 것은 모두 두려움의 반대편에 있다.

필자는 대기업에서 10년간 근무하고 5년의 경력단절을 겪은 후 좋아하는 일로 창업했다. 블로그 쇼핑몰로 시작하여 온라인 쇼핑몰을 운영하기까지 많은 시행착오를 겪었지만, 그 사이에 다섯 권의 책을 집필하고 쇼핑몰 코치로 활동하며 강연가로서 살아간다. 책을 쓰는 것도, 강의를 하는 것도, 쇼핑몰 창업을 하는 것도 모두 쉬운 일이 아니었다. 그럼에도 불구하고 해나갈 수 있었던 것은 '나도 할 수 있다'는 믿음이 있었기 때문이다.

오로지 회사만 생각하며 그 안에서의 꿈만 키웠던 나는 사직 후에 얼마나 좁은 시야로 세상을 바라보았는지를 깨달았다. 더불어 마음만 먹으면 얼마든지 다른 세상으로 갈 수 있다는 것을 경험으로 알 수 있었다. 꿈은 하나만 가질 필요도 없으며 나이를 먹어도 계속해서 꿈꿀 자격이 있다는 것을 시간이 지난 후에야 알게 되었다.

지금은 생계를 위해 살아가더라도 괜찮다. 생계가 해결되지 않으면 꿈조차 꿀 수 없다. 나 또한 생계를 위해 열심히 살았기에, 시간이 지난 후에도 좋아하는 일로 열정을 쏟을 수 있게 해주었다. 그저 현실에 안주하며 하루하루만 바라보며 사는 것과 미래를 준비하면서 현실을 살아가는 것은 보이는 모습은 같더라도 그 에너지가 다르다. 시간은 결국 흘러간다. 그 시간을 내 편으로 만들지 그저 시간에 끌려다닐지는 당신이 결정해야 한다.

아무것도 모르는 상태에서 열정 하나로 창업하였기에, 수많은 시행착오를 겪으며 얻은 것들을 이 책에 담았다. 지금 창업을 고민하는 이들에게 그리고 창업을 시작했지만 힘들어서 포기하려는 이들에게 자신을 돌아볼 수 있는 계기가 되었으면 한다. 다시 시작할 수 있는 용기를 주고 싶다.

이 책에는 누구나 할 수 있지만 아무나 성공할 수 없는 온라인 창업의 세계에서 살아남기 위해 어떤 준비가 필요한 지 구체적인 내용을 담았다. 특히 '직장에 다니면서 시작할 수 있는 창업'에 초점을 맞췄다. 아는 만큼 보이고 열정의 크기만큼 인내할 수 있다. 그 누구도 우리의 삶을 책임지지 못한다는 사실을 깨닫고 지금 당장 시작할 수 없더라도 차근차근 준비하면서 시간을 이기는 사람으로 살아가길 바란다.

저마다 살아가는 모습은 다르지만 하나의 동일한 목표를 위해 살아간다. 바로 행복을 위한 삶이다. 돈, 명예, 성공을 얻어도 행복할 수 없다면 의미가 없다. 그런데 역시 사람은 자신이 좋아하는 일을 하며 살아갈 때 행복하다고 느낀다.

매일 똑같이 반복되는 일상에서 다가올 미래에 대한 작은 희망마저 없다면 어떻게 현실을 버틸 수 있겠는가? 언젠가는 원하는 삶을 살아가겠다는 작은 희망, 비전은 지금 삶의 고충과 피로를 기꺼이 견뎌낼 수 있는 힘을 준다. '열심히 살아봤자 달라질 것이 없다'고 푸념하는 청년들이 있다. 젊음의 특권을 가졌음에도 수많은 가능성에 도전하지 못하고 노년 세대와 다를 바 없이 무기력하게 살아가고 있는 현실이 안타깝다.

젊음의 특권은 무엇일까? 젊음은 그저 누리기 위해 존재하는 것이 아니다. 실패도 역경도 모두 하나의 경험이 되는 특별한 시기가 아닐까? 모든 경험이 자산이 되고 다시 일어설 수 있는 에너지를 충분히 만들 수 있다. 눈부신 청춘의 시간을 가치 있게 보내길 바란다. 더 늦기 전에 꿈을 향해 도전해보라.

허지영

CONTENTS

PART 3

온라인 마켓,
나에게 딱 맞는 곳은 어디일까?　　　　　　　　103

PART 4

온라인 마켓에서 승리하는
전략은 무엇일까?　　　　　　　　159

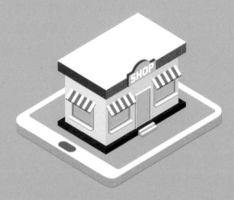

PART 1

월 1000만 원 버는
온라인 마켓,
나도 한번 해볼까?

직장에 다니면서 준비하고 도전하는 것
VS. 그만두고 준비하는 것

'돈과 시간을 온전히 자신을 위해 쓰고 싶다'

이런 바람이 강해서인지 요즘은 연애도 결혼도 자발적으로 거부하는 청년층이 많다고 한다. 물론 미혼 남녀와 결혼한 여자의 마음도 다르지 않을 것이다. 집안 일이나 육아 그리고 자신의 일을 모두 잘 해내는 것이 쉽지 않기 때문이다. 그런데 당신이 좋아하는 일을 찾는 것만으로도 원하는 삶에 가까이 다가갈 수 있다.

일본에서는 요즘 본업 외에 부업을 갖는 직장인이 많이 늘었다고 한다. 소프트뱅크에 근무 중인 직장인들 중 현재 300명 정도가 부업을 하고 있으며 부업 신청자 수는 늘어나는 추세다.

회사에서 부업을 허용한 이유는 '회사 밖으로 나가서 혁신을 발견하라'는 의미라고 한다. 그렇다고 해서 부업 때문에 발생하는 문제까지 허용한다는 것은 아니다. 업무 평가는 냉철하게 하지만 직원들에게 전문성의 폭을 넓히게 해주기 위함이다. 실제로 많은 이들이 부업으로 인해 긍정적인 변화를 가져왔다고 한다.

우리나라 또한 일본만큼 부업에 관대하지 않지만 많은 이들이 직장에 다니면서 자신이 하고 싶은 일에 도전하는 분위기다. 회사가 전부라고 생각하는 시대는 끝났으며, 실제로 어떤 조직도 개인의 삶을 오롯이 책임질 수는 없다. 늘 스스로 깨어있지 않으면 언제 사회로부터 소외당할지 모른다. 이런 상황이라면 이왕이면 자신이 원하는 일에 열정을 쏟는 것이 보다 좋은 결과로 이어진다.

한 번에 하나씩만 집중하며 살아가는 삶이 지금의 세상에는 어울리지 않는 듯 보인다. 어쩌면 그만큼 삶이 불안전하다는 것을 의미할 수도 있다. 나 또한 쇼핑몰을 운영하면서 꾸준히 책을 쓰고 강의하고 코칭하는 일을 병행하며 이 모든 것이 전혀 상관없는 일이라고는 생각하지 않는다.

지금껏 직장에 다니다가 창업하기 위해 퇴사하는 이들을 많이 보았다. 그들은 인생에 주도권을 가지고 하고 싶은 일을 하기 위해 창업을 꿈꾼다. 그런데 창업에 대한 확신으로 회사를 그만두었지만, 시작과 동시에 난관에 부딪히는 이들이 대부분이다. 매달 들어오는 수입이 끊어지고 가지고 있던 돈을 다 써버리면 마음이 급해지고 실제로 생활도 힘들어지기 때문이다. 따라서 직장에 다닐 때 창업을 준비하는 게 바람직하다.

직장에 다니면서 쇼핑몰 창업을 희망하는 K 양을 컨설팅한 적이 있다. 비서로 근무 중인데 일상에서 즐거움과 보람을 느낄 수 없다고 하소연했다. 아무리 열심히 일해도 월급은 고만고만하고 더 오래 일을 한다고 해서 비전이 보일 것 같지 않다고 한탄했다. 신랑 역시 직장에 다니고 있지만, 월급이 많은 편이 아니라서 아이를 낳고 기르는 일보다는 창업에 더 큰 관심을 두고 있었다. '직장에 다니면서 어떻게 쇼핑몰 창업을 준비할지'에 대해 알려주고 그녀의 열정을 끌어올리기 위해 많은 조언을 해주었다. 그녀는 창업을 늘 꿈꾸었지만 모르는 것이 많아서 막연했는데 컨설팅을 통해 적극적으로 창업 준비를 할 수 있겠다는 자신감을 안고 돌아갔다.

물론 직장인들이 받는 업무 스트레스는 이만저만이 아니다. 퇴근 후에도 일로 인한 스트레스는 쉽게 떨쳐낼 수 없고 내일을 위해 오늘 휴식을 취하는 일상이 반복된다. 하지만 퇴근 후 얼마 남지 않은 시간이라도 자신이 좋아하는 일을 위해 투자해보라. 그러면 스트레스만 주는 직장을 이전과는 다른 시각으로 바라보게 될 것이다. 좋아하는 일을 하려는 데 자금을 마련하게 해주는 고마운 곳으로 말이다.

어느 날 아침 일찍 한 독자로부터 메일을 받았다. 메일을 보내는 독자는 주로 쇼핑몰을 하려고 준비하는 여성이 대다수이지만, 이번에는 대기업에서 20년 가까이 근무하고 퇴직한 남성이었다. 제대로 된 준비

없이 사업하기 위해 퇴사했는데, 생각보다 쉽지 않아 성급하게 퇴사를 한 것이 후회된다고 했다. 우연한 기회로 필자의 책을 읽게 되었고, 자신의 현재 심경에 관해 장문의 메일을 보냈다.

오랜 시간 회사를 위해 온 열정을 바쳤지만, 지금에 와서 돌아보니 왜 그토록 회사만 생각했는지 후회가 된다고 했다. 평생직장일 거라는 생각에 울타리에 갇혀 아무런 준비도 하지 않았던 자신이 원망스럽다고 말이다.

나 역시 대기업 생활 10년 동안 창업을 위해 준비하지 않고 그만둔 것에 대한 후회를 다른 책에 담았는데 많은 공감이 되었다고 했다. 쇼핑몰에 관해 관심이 생겼고 이제는 제대로 계획하고 준비하고 시작하겠다는 다짐을 남겼다. 이처럼 수많은 사람이 직장에 다닐 때 창업을 준비하지 않고 나왔다며 후회한다.

지금의 상황이 만족스러운가? 그렇다고 하더라도 당신은 언제나 미래를 위한 준비를 하면서 살아가야 한다. 스티브 잡스의 말이 문득 떠오른다. "모자란다고 생각하고 더 경험하고 더 배우라!Stay Hungry, Stay Foolish!"

현재에 만족하지 말고 항상 배고프고 항상 갈망하라는 그의 말이 가슴속에 남아있다. 창업하는 데 있어서 가장 중요한 것은 무엇일까? 준비만 철저하게 하면 될까? 창업을 위한 준비보다 더 중요한 요소가 있다. 바로 반드시 창업해야만 하는 간절한 이유다. 그리고 열정을 유지할 수 있을 만큼 자신이 좋아하는 일이라면 준비가 다소 부족하고 시간이 좀 더 걸린다 해도 잘 될 확률이 높다. 창업을 시작한 사람에게 그 어떤 것도 확실한 것은 없다. 확실한 것이 하나 있다면 스스로에 대한 믿음뿐일 것이다. 그런데도 도전하고 싶다는 욕구가 있고 간절함이 있을 때 당신은 창업을 해야 한다.

빅터 프랭클Viktor Emil Frankl은 그의 저서 《죽음의 수용소》에서 다음과 같이 말했다.

사람은 어느 정도 긴장 상태에 있을 때 정신적으로 건강하다. 그 긴장이란 이미 성취해놓은 것과 앞으로 성취해야 할 것 사이의 긴장, 현재의 나와 앞으로 되어야 할 나 사이에 놓여 있는 틈 사이의 긴장이다. 이런 긴장은 인간에게 본래부터 있고, 정신적으로 잘 존재하기 위해서 필수 불가결하다.

살아가면서 삶의 의미를 찾기 위한 노력을 해야 한다. 그런데 그는 마음의 안정이 오히려 정신건강에 위험하다고 말한다. 그의 말에 동의한다. 아무런 걱정도, 욕망도 없는 안정된 삶이 인생을 흡족하게 해주는 것은 아니기 때문이다. 살아가면서 필자가 했던 수많은 도전은 인생에서 가장 힘든 순간에 받은 선물과도 같았다. 자신이 선택한 목표를 이루기 위해 노력하는 것은 살아가면서 가장 필요한 태도이기도 하다.

요즘은 나이와 상관없이 '인생이 공허하다'고 느끼는 사람들이 많다. 왜 그럴까? '본인답게, 본인이 원하는 삶을 살아간다'는 것은 어떤 의미일까? 대부분의 사람이 죽기 전에 후회하는 것은 자신의 책임을 다하지 못한 것이 아니라, 자신이 원하는 인생을 살지 못한 것이라고 한다. 그만큼 죽는 순간까지 사람은 '그동안 나답게 살아왔는가'를 생각한다. 그 누구도 삶을 강요할 수는 없다. 그리고 그 어떤 상황에서도 사람은 자신의 삶에 대해 결정할 자유가 있다. 그런데도 사람들 대부분은 스스로 자유를 주지 못하는 삶을 살다가 죽기 전에 후회한다.

변화를 두려워하고 현실에 안주하려는 사람은 그 안에 있는 행운조차 지켜내지 못한다. 그러한 사고방식 안에는 이미 자신에 대한 확신과 믿음이 빠져있기 때문이다. 돈을 써야 할 때조차 쓰지 않고 인색한 삶을 살아가는 사람에게 더 많은 부가 찾아오기는 힘들다. 자신이 가진 능력을 발휘해보지도 않고 스스로 한계를 지어버리는 것 또한 마찬가지다.

누군가는 퇴근 후, 미래를 걱정하면서 행동은 하지 않지만, 어떤 이들은 잠의 유혹을 뿌리치고 좋아하는 일에 시간을 투자하면서 미래를 준비한다. 열정을 가진 사람이 조직에 있을 때보다 자기 일을 할 때 더 많은 성과를 올리는 것을 볼 때면, 결국 사람은 타인의 명령이 아닌 자신의 꿈을 위해 열정을 쏟아내는 존재라는 생각이 든다. 잘할 수 있는 일보다 하고 싶은 일에 더 큰 즐거움과 동기를 가질 수 있다. 어디에서 무엇을 하든 반드시 이루고 싶은 꿈을 가져야 하는 이유다. 꿈이 있다면 반드시 살아야 할 이유가 있는 사람이다.

온라인 마켓을 창업하는 것은 '소풍 가는 마음'과도 같다. 소풍 가는 날, 많이 설레지만 '비가 오면 어쩌나?'라는 걱정도 한다. 이처럼 설렘과 걱정이 공존하는 것이 비슷하기 때문이다. 창업하면서 두려움이 있지만, 기꺼이 그 길을 가겠다는 굳은 의지야말로 가장 중요한 성공의 요소다.

온라인 마켓, 운영할 시간이 없어
못한다는 건 핑계일 뿐이다

당신은 남들이 잠든 새벽 시간에 쇼핑을 해 본 적이 있는가? 아마도 한 번쯤은 그런 경험이 있을 것이다. 잠이 오지 않아서 휴대전화로 인터넷을 들여다보다가 어떤 물건이 사고 싶어졌거나 스트레스를 해소하기 위해 구매를 하는 때도 있다.

대부분의 이들은 해야 할 일을 하고 남는 시간에 주로 휴대전화를 보면서 시간을 보낸다. 그런데 누군가는 구매하는(소비하는 행위) 그 시간에 다른 누군가는 판매하고(생산하는 행위) 있다.

살아가면서 소비를 하며 살아가야 하는 시간은 늘어만 가는 반면, 경제 활동을 할 수 있는 기간은 그리 길지가 않다. 10여 년 전에 국회도서

관에 가보았을 때는 젊은 사람들이 많았지만, 최근의 이용자들은 중·장년 층이 대부분이었다. 퇴직 후 남는 시간을 독서하면서 보내는 이들이 늘어난 것이다.

나이가 들었다고 해서 경제 활동을 할 수 없는 것은 아니다. 그런데도 불구하고 일자리가 부족해 아까운 인력이 낭비되는 것이 현실이다. 그러니 하루라도 일찍 자신의 일을 시작하는 것이 노후를 위해서라도 바람직하지 않을까?

누구나 현실에서 부딪히지 않으면 깨닫지 못한다. 그래서 늘 당장 현실만이 아닌 앞을 내다보는 시각이 필요하다. 일상에서 부지런히 자신을 계발할 줄 아는 사람이라면 그런 혜안을 가질 수 있다고 믿는다.

주위를 둘러보면, 매일 '피곤하다'는 말을 입에 달고 다니는 직장인들로 넘쳐난다. 그들은 회사 일을 하는 것만으로도 하루를 제대로 보냈다고 위안하는 듯하다. 하지만 직장에 다니면서 꿈을 향한 노력을 하는 사람은 시간을 활용하는 것부터 남다르다. 출·퇴근하는 시간을 이용해서 공부하고 점심시간을 활용해서 필요한 정보를 모으기도 한다. 퇴근 후, 친구들과 의미 없이 직장 상사 험담을 하거나 쓸데없는 시간을 보내는 것 대신, 자신의 꿈을 위해 투자하는 시간을 가진다.

흘러가는 시간에 대해 아쉬움을 느끼는 사람은 삶에 대한 태도가 다르다. 하루 24시간은 누구에게나 똑같이 주어지지만 그 가치가 누구에게나 똑같지는 않다. 버려지는 시간에 대한 가치를 알지 못하는 사람에게 멋진 미래는 쉽게 주어지지 않는다.

현재, 52시간 근무제로 많은 직장인이 퇴근 후 삶을 보장받게 되었다. 야근이 사라지고 시간적인 여유가 많아지는 이 시점이 어느 때보다 창업을 준비하기 좋은 시기다. 평일 저녁 시간, 주말 시간까지 따진다면 자신이 가질 수 있는 시간이 의외로 많다.

쇼핑몰 창업을 위해 컨설팅을 의뢰한 사람의 대부분이 직장에 다닌다. 직장에서 하는 일은 다양하지만, 창업을 준비하고 나오겠다는 마음은 같다. 그들은 남보다 더 열심히 살아가며 미래를 위한 준비를 게을리하지 않는다. 주말에는 창업과 관련해서 도움이 될 만한 것을 배우는 사람도 많다.

직장에서 더 열심히 일하고 성과를 올리는 사람일수록 '자기 일을 하고 싶다'는 욕구가 많아 보였다. 직장 일에 의욕이 없는 사람이 꿈을 향한 의지가 강할 리 없다. 열심히 살아가는 사람은 더 열심히 살고 싶은 욕구가 있다. 배우려는 마음은 더 배우고 싶다는 마음을 낳는다. 창업은 이런 사람에게 좋은 환경이다. 창업 후에는 스스로 책임지고 일을 해나가야 하기 때문이다.

직장에 다니고 있다면 일하지 않는 때에 혼자 생각하는 시간을 많이 가져야 한다. 산책하거나 달리기를 하면서 많은 아이디어가 떠오를 수 있다. 자신이 원하는 일, 원하는 삶에 대해 생각하는 시간은 필요하다. 답답한 공간보다 탁 트여있는 곳에서 생각이 맑아지고 상상력도 향상된다. 떠오르는 사소한 아이디어라도 메모하고 실천해보려는 노력을 일상에서 할 수 있다면 그 행동을 통해 더 많은 것을 실현할 수 있을 것이다. 꿈만으로는 꿈을 실현할 수 없다고 하지 않던가.

창업을 위해 틈틈이 정보를 수집하고 공부해나가는 모든 과정이 소중하다. 매일 신문을 읽는다든지, 흐름을 파악하기 위한 다양한 노력이 필요하다. 당신에게 필요한 가치 있는 정보는 일상에서 얼마든지 찾을 수 있다. "세상이 변하는 것을 보고 싶다면 스스로가 변해야 한다."라고 마하트마 간디는 말했다.

필자를 찾아와 쇼핑몰 창업을 희망하는 이들은 두 부류로 나눌 수 있다. '직장에 다니면서 무엇이든 잘 해낼 것 같다고 자신하는 사람'과 '하고는 싶지만 자신감이 없어서 잘할 수 있을지 불안해하는 사람'이다. 신기하게도 처음에 열정이 강했던 사람이 쉽게 포기하는 경향이 많았다. 자신감이 크고 자신에 대한 기대치가 높은 대신 결과가 바로 나오지 않았을 때의 실망감도 크기 때문일 것이다. 그렇지만 자신이 부족하다는 것을 잘 알고 오히려 불안하다 느꼈던 사람은 조언을 통해 차근차근 준비하며 원하는 모습을 만들어가기 위해 더 많이 노력한다.

이처럼 자신감을 유지하는 것, 열정을 유지하는 일은 물론 쉽지 않다. 느리더라도 포기하지 않고 한 걸음씩 나아가는 사람의 힘은 강하다. 처음은 미약하더라도 시간이 쌓일수록 그만큼 자신의 역량이 커지고 내면은 단단해진다. 스스로 잠재력을 믿어주는 것만으로도 꿈을 이룰 수 있는 토대가 마련된다.

'힘들다, 힘들다'는 말을 내뱉으며 스스로 부정적인 사람으로 만들어가는 대신, 그 시간을 좋아하는 일을 하기 위한 투자의 시간으로 보내보

라. 매사에 불만이 가득한 사람을 만나면 꼭 이 말을 해준다. 그런 생각을 할 시간에 차라리 책을 읽는다면 긍정적인 마인드로 바뀔 것이고, 자연스럽게 자신의 미래에 대한 그림도 조금씩 그릴 수 있을 것이다. 시간이 많은 사람은 마음이 부정적으로 흐를 확률이 높다. 하고 싶은 일도, 좋아하는 일도 많은 사람은 시간이 늘 부족하다.

필자가 아는 K는 좋아하는 일을 찾고 나서부터는 운전을 거의 하지 않는다. 출·퇴근하는 시간에 지하철에서 책을 읽기 때문이다. 그전에는 그 시간이 얼마나 소중한지 몰랐는데 하고 싶은 일이 생기면서 허비했던 시간을 알차게 채운다고 했다. 출·퇴근하는 3시간 동안 책을 읽으며 미래를 위한 계획을 세우는 데 집중한다. 생각도 긍정적으로 바뀌었으며 삶에 활력이 생겼다는 말을 했다.

시간이 없다는 말 대신, '좋아하는 일이 생겨 바쁘게 지낼 수 있어서 행복하다'는 말을 할 수 있다면 얼마나 좋을까? 필자도 일이 생기면서 늘 시간적 여유가 없지만 참 행복하다. 일과 관련한 일련의 모든 과정에서 배우고 성장하기에 만족스럽다.

바쁜 일상에서도 시간에 대한 관점을 조금만 바꿀 수 있다면 생각보다 틈새 시간을 활용해서 할 수 있는 일이 많다는 것에 놀랄 것이다. 창업을 준비하면서 가장 큰 적은 바로 '내가 과연 할 수 있을까?' 하는 두려움이다. 미국의 코미디언이자 배우 빌 코스비Bill Cosby는 이런 말을 했다. "성공하기 위해서는 성공하고자 하는 욕망이 실패의 두려움보다 커야 한다."

누군가는 현실에 안주하며 그것이 가장 행복한 삶이라고 생각할 것이다. 꿈을 이루어가는 사람은 아주 특별한 사람이라고 생각하면서 말이다. 원하는 인생을 살아가는 사람은 소수일지도 모른다. 그런데도 도전하는 이유는, 지금 할 수 있는 것 이상의 노력을 하지 않는다면 앞으로의 삶은 더 힘들어질 수밖에 없다는 것을 알기 때문이다. 삶에서 버려져도 괜찮은 시간은 없다. 지금 생각 없이 흘려보내는 시간은 앞으로 당신의 인생을 충분히 바꿀 수 있는 소중한 시간이라는 것을 잊어서는 안 된다.

누구나 할 수 있지만
아무나 성공할 수 없는 현실

〈안시성〉은 20만 대군을 이끈 당나라에 맞서 싸우는 5000명의 안시성 군대, 안시성 전투를 다룬 영화이다. 영화를 보는 내내 안시성安市城을 향해 돌진하는 20만 대군의 모습이 마치 온라인 마켓 시장에서 치열한 경쟁을 하는 창업자의 모습과 흡사하다는 생각이 들었다. 엄청난 수에 두려움을 느끼는 안시성 군인 5000명은 온라인 시장에 새롭게 뛰어드는 진취적인 창업자의 모습처럼 보였다. 모두가 두려워하는 상황에서 안시성 성주 양만춘은 이런 말을 한다.

"나는 물러서는 법은 배우지 못했다. 나는 무릎 꿇는 법을 배우지 못했다."

무모한 싸움이라는 말에 그는 이런 말을 한다.

"너는 이길 수 있을 때만 싸우느냐."

결국 도저히 이길 수 없는 전투에서 5000명의 군대가 승리했다. 그들이 승리할 수 있었던 이유는 전쟁에서 반드시 이겨야만 하는 분명한 목적이 있었고, 상대가 안 되는 보잘 것 없는 적은 수였지만 뛰어난 전략 덕분이었다. 규모가 작다고 무시했던 당나라 군대는 허무하게 무너졌다.

전쟁에서 군사의 숫자가 중요한 건 아니었다. 소중한 것을 지키기 위한 의지가 얼마나 강하냐가 결정하는 문제였다. 두렵지만 포기할 수 없는 그 마음은 힘들지만 어떤 것도 포기할 수 없는 창업자의 마음과 다르지 않다고 느꼈다. 소중한 무언가를 위해 내면에서 끌어 오르는 간절함은 그 무엇에도 도전할 수 있는 용기를 준다.

영화를 보는 내내 '창업을 시작하고 이어가는 모습도 이러해야 하지 않을까?' 하는 생각을 했다. 이미 온라인 시장에는 경쟁자가 엄청나게 많이 존재한다. 그것을 알지만 도전하는 것이다. 꿈이 있고 목표가 있기 때문이다. 수많은 사람이 창업의 세계로 뛰어들지만 도전하는 사람 중 절반 이상은 오래지 않아 포기한다. 경쟁자도, 포기하는 사람도 많은 시장이다.

창업은 강한 의지가 있을 때 시작해야 한다. 필자가 쉬지 않고 책을 쓰는 이유, 홀로 육아하고 살림을 하면서, 좋아하는 일을 놓지 않고 자신을 계발해나가는 이유는 오늘이라는 시간의 소중함을 너무나 잘 알기 때문이다. 마음이 힘들면 다시 힘을 내기 위해 에너지를 충전하고, 부정적인 마음이 들면 하늘을 보면서 다시 힘을 내본다. 약해지는 마음에 지지 않으려 매일 노력한다. "비관은 기분에 속하지만 낙관은 의지다."라는 프랑스의 철학자 알랭Alain의 말을 늘 가슴에 새기곤 한다.

사람들은 왜 필자가 늘 긍정적이고 낙관적인지 궁금해한다. 이유는 단 하나, 내일의 목표를 위해 오늘을 최대한 알차게 살아가기 때문이다. 시간의 가치를 잘 알고 있기 때문이기도 하다. 충족하는 삶에서도 고통스러운 삶에서도 당신은 긍정적인 마음을 선택해야 한다. 그리고 불가능에 도전해보지 않고서 자신의 가능성에 한계를 지어서는 안 된다. 창업의 세계에서는 실패도 좌절도 일상이기 때문이다.

자신의 목표를 이루는 사람은 자신이 하는 일에 대해 남다른 의지가 있다. 그런 사람은 문제점보다 가능성에 대해 더 많은 생각을 한다. 결국, 실패하는 사람은 늘 문제점에 초점을 맞추며 일을 한다. 사실 돈이 되는 사업이 따로 존재한다는 생각은 없다. 돈을 좇아가는 사람은 돈을 벌 수 없고 자기 일을 즐기고 고객의 만족을 끌어낼 때, 얻어낼 수 있는 결과물이 돈이라고 생각한다. 돈이 많아서 돈 되는 사업만 따라가다 자신의 재산을 탕진하는 사람의 이야기는 쉽게 들을 수 있다.

찢어지게 가난한 시골집에서 태어나 그곳에서 탈출하는 것은 공부밖에 없다는 생각에 악착같이 공부해서 서울대학교에 들어갔다. 대기업에 들어가서 열심히 일만 하면 인생이 바뀔 줄 알았는데 그게 아니었다.

대출금 3000만 원으로 회사를 차려 현재 연 매출 6000억 원대의 건실한 중견 그룹의 대표가 되었다.

그는 바로 다산네트웍스 남민우 회장이다. 그는 한 언론 인터뷰를 통해 이런 말을 했다.

욕망과 인생에 대한 불만족은 바로 기업가 정신의 출발이다. 내 인생을 바꾸기 위해 도전하고, 도전에 성공하려면 혁신해야 하며, 이를 통해 뭔가를 창조하는 게 기업가 정신의 핵심이다. 인생을 바꾸고 싶으면 창업에 도전하라고 주변 사람들에게도 항상 이야기한다.

그는 과거의 불행이 미래에 행복해지기 위한 필요조건이라고 말한다. 모든 것을 가지고 태어난 인생은 자기 소유물에 대한 가치를 모른다는 것이다. 성공하는 사람은 가지지 못한 것에 대한 불만보다 그것을 원동력으로 바꾸려는 노력을 멈추지 않는다. 금수저, 흙수저 운운하며 자신의 불행과 실패를 환경 탓으로 돌리는 사람에게는 인생의 어떤 변화도 기대하기 힘들다. 인생을 바꾸기 위한 원동력은 스스로 만들어낼 수 있다는 깨달음을 얻었다.

누구나 인생을 살면서 빛과 어둠의 양면을 가지고 살아간다. 힘든 순간에는 인생의 씨앗을 뿌리고 있다는 믿음이 필요하다. 열심히 해도 일이 잘 풀리지 않을 때는 멋진 숲을 완성하기 위해 크고 작은 나무를 부지런히 심고 있다고 생각한다. 햇볕과 물을 먹은 나무는 조금씩 자라나 결국에는 숲을 이루게 될 것이기 때문이다.

컨설팅으로 많은 사람을 만나다 보면 자신이 이룬 작은 성과에 대한 가치를 알지 못하는 사람들이 많다. 처음에 아무것도 없는 가운데서 작은 성과를 이루었던 경험을 모두 잊어버린 채 말이다. 필자가 볼 때는 이전보다 훨씬 나아졌고, 조금씩 꿈을 향해 가고 있다고 느껴지는데도 스스로 인정하지 못한다. '이렇게 하는 것이 맞을까? 잘하는 걸까?'라는 생각을 늘 한다. 필자와의 대화를 통해 자신이 초심을 잃어버리고 불안 감에 휩싸여있다는 사실을 깨닫는다. 새로운 일을 시작해서 힘들다 느껴질 때는 스스로 이런 질문을 하라.

"나는 왜 이 일을 선택했는가?"

질문에 대한 답을 찾고 그것을 잊지 않고 일을 해나간다면 흔들리지 않는 자신만의 태도를 만들어낼 수 있을 것이다. 자기 확신이 없는 일은 언제라도 주체성을 잃어버릴 수 있으며 남에게 휘둘리기 쉽다.

호기심도 열정도 많은 사람일지라도 자신만의 철학이 없으면 금세 시들해지는 것을 보았다. 뚝심 있게 자신의 길을 가는 사람의 공통점은 인생관이 분명하다. 목표가 흔들리지 않으려면 자신의 목표가 무엇인지 정확하게 알아야 한다. 자신이 어떤 사람인지, 자신이 좋아하는 것이 무엇인지를 잘 알아야 한다. 자기 일을 제대로 이해하지 못하는 사람이 끝까지 해나갈 수 있다고 믿지 않는다. 매출은 노력으로 만들어내는 것이지 재능으로 만들어내는 것이 아니다. 성공하고자 하는 사람은 반드시 성공할 것이다. 일본에서 1400곳이 넘는 츠타야 매장을 운영하는 사장 마스다 무네아키增田 宗昭는 그의 저서 《취향을 설계하는 곳, 츠타야》에서 말한다.

결국, 희망이라는 녀석은 절망의 늪에 선 사람에게만 보이는 것일지도 모른다. 은혜로운 생활이나 능력 이상의 일에 도전하고 있지 않은 사람에게 희망이라는 것이 있을까?

그는 희망의 크기는 절망의 크기와 비례한다는 것을 깨달았다고 했다. 필자 역시 할 수 없는 일에 도전할 수 있는 사람이 원하는 것을 이룬다고 믿는다. 당신은 절망 속에서 허우적거릴 것이 아니라, 그것을 희망으로 전환할 힘을 가져야 한다.

온라인 마켓의 시작이자 끝,
자기다움

자기 일을 시작할 때, 규모와 상관없이 중요한 부분이 있다. 처음 만나고 영원히 만나지 않을 고객에게나, 자주 만나게 되는 고객에게나 자신의 진정성을 보여주어야 한다는 점이다. 당신에게는 일상이지만 누군가에게는 당신의 첫인상이자 마지막 모습이 될 수도 있다. 이를 늘 생각한다면 매 순간 당신의 태도가 얼마나 중요한지 알 수 있을 것이다.

당장 매출로 일희일비한다면, 자신의 진짜 모습을 지켜나갈 수 없다. 당신이 가지고 있는 온전한 마음과 생각은 하는 일에도 아주 많은 영향을 미치며 고객에게도 그대로 전달된다.

지금은 좋은 상품이라고 해서 무조건 판매가 되는 시대가 아니다. 저렴하면서 좋은 상품은 넘쳐난다. 따라서 자신만의 브랜드를 만들어야만 한다. 브랜딩Branding은 단지 큰 규모의 회사에만 해당하는 것은 아니다. 당신이 창업을 준비하면서도 늘 이 부분을 생각해야만 한다. 브랜딩은 고객과의 신뢰를 통해 형성되기 때문에 창업을 시작할 때부터 염두에 두어야 한다.

잘 아는 유명 브랜드를 생각하면 거창하고 멀게만 느껴질 수 있지만 그럴 것까지는 없다. '자기답게, 자기다움'으로 자신만의 이미지를 만들어낸다고 생각하면 된다. 자기다움으로 브랜딩하기 위해서는 창업을 고민할 때부터 어떤 이미지를 만들어갈지 함께 고민해야 한다.

친구를 떠올리면 그 사람만의 독특한 이미지가 있을 것이다. 그 사람을 떠올리면 생각나는 분위기, 성격, 행동 등 한 사람을 설명할 수 있는 모든 것을 떠올려볼 수 있다. 창업도 마찬가지다. 어떤 가치관으로 시작했는지, 어떤 이미지를 전달해주고 싶은지 고민해야 한다. 많은 기업이 자신의 기업을 고객에게 강하게 인지시키기 위해 로고를 고민하고 상품과 상관없이 다양한 활동을 하는 것은 기업의 이미지 좋게 하기 위한 노력이다.

필자 역시 '허스타우먼'이라는 쇼핑몰을 통해 나다움으로 고객에게 다가가기 위해 노력한다. 여성의 고귀한 삶을 지향하는 소명을 가지고 시작한 만큼, 소외계층 여성을 위해 작은 도움이라도 주고 싶다는 마음으로 일하고 있다. 좋은 상품을 판매하는 사람은 너무 많으므로 늘 상품에 대한 고민, 더 나은 거래처를 찾기 위한 노력을 게을리하지 않는다.

수많은 거래처를 만나면서 그들 역시 그들의 브랜드를 위해 밤낮없이 노력한다는 사실을 깨달았다. 더 낮은 단가로 더 가치 있는 상품을 만들기 위해 공부하고 원단을 찾아내어 공장에서 수많은 샘플 제작 끝에 마음에 드는 상품을 만들어낸다. 그들의 수고와 노력이 있기에 판매하는 사람도 상품에 대한 자신감을 가지고 보람을 느끼며 고객을 만날 수 있다.

L 거래처는 디자이너가 정말 부지런하고 감각이 남다르다. 매주 신상품을 내어놓는 것은 다른 거래처와 다를 바 없다. 그런데 거래하는 소매 상인을 위해 상품 코디를 어떻게 하는지 정보를 많이 제공한다. 자신의 블로그에 올해 유행에 대한 정보도 올린다. 더 좋은 원단으로 더 멋진 상품을 제작하고 가격 만족까지 끌어내기 위해 부지런히 발품을 판다. 비슷한 상품을 제작하는 타 거래처의 상품을 직접 사보고 어떤 문제점이 있는지 분석하는 노력도 마다하지 않는다. 밤을 새우며 일을 하면서 어떻게 이렇게 부지런할 수 있는지 감탄사가 절로 나오곤 한다.

요즘 그녀의 글을 보며 필자 역시 많은 동기부여를 받았다. 백화점에서 판매하는 누구나 잘 아는 브랜드가 아니어도 자신의 이름을 걸고 이렇게 제대로 된 브랜드를 만들기 위해 노력하는 사람이 많다. 대단한 사람도 처음에는 보잘것없는 시작이 있었다는 것을 잊지 말고, 시작한다는 것이 주는 그 가치를 높이 생각하며 즐겁게 자기 일을 해나가는 것이다.

이제는 무언가 특이한 상품을 만들어 판매하려는 것보다 자신을 브랜딩하는 것에 초점을 맞추는 게 더 효과적이다. 비슷한 제품이 있다면,

소비자들은 자신이 좋아하는 브랜드의 상품을 산다. 동네 옷가게나 작은 슈퍼마켓을 생각해보면, 이왕이면 자신이 좋아하는 매장에서 사려는 심리가 있지 않은가. 자신이 운영하는 마켓의 규모는 중요하지 않다. 어떤 이미지로 고객에게 각인되었느냐에 따라서 판매에 영향을 준다는 것을 알아야 한다.

상품이 좋아서 인기를 끌더라도 그 상품을 판매하는 사장의 이미지가 좋지 않아 망하는 일도 허다하다. 대기업의 경우는 더욱 치명적인 악영향을 준다. 눈에 보이는 상품, 사장의 말과 행동 모두가 이미지에 영향을 미친다. 누구나 이왕이면 이미지가 좋은 회사의 상품을 사고 싶어 한다. 자신이 판매하는 상품에 자신의 진심을 담아 판매한다면 같은 상품이라도 분명 고객은 당신의 상품을 선택하게 될 것이다.

사실 모든 사람은 자신만의 개성이 있다. 틀에 박힌 조직에서 매일 하는 일만 한다면 내면에 있는 창의력을 계발할 기회도 점점 줄어든다. 그러나 창업을 하면 각자가 좋아하는 일을 하면서 다양한 자신의 모습을 마음껏 밖으로 표출할 수 있다. 자기다움을 찾아갈 기회를 만나게 되는 것이다. 따라서 자신이 추구하는 방향에 맞는, 자신에게 어울리는 이미지를 구축해서 브랜딩하면 된다.

자기다움을 찾으면 찾을수록 브랜딩을 잘하는 것이다. 남들이 하는 방식, 무조건 유행을 따르는 것이 아니라 자신의 스타일로 승부를 걸어야 한다. 결국에는 자신의 브랜드를 널리 알리고, 판매하는 상품의 매출을 올리는 데 목표를 두어야 한다.

　얼마 전 지방에서 작은 학원을 운영하는 한 독자분의 연락을 받았다. 쇼핑몰 사업을 고민하던 중 필자의 책을 알게 되어 그동안 출간했던 책을 모두 샀다고 한다. 옷을 좋아하지만, 아직 정확한 아이템과 콘셉트에 관해서는 결정을 하지 못했다고 했다. 작은 시골에서도 과연 쇼핑몰을 운영할 수 있는지 궁금해했다.

　특별한 시장 조사 없이 도매 사이트를 통해 판매해도 될지 이것저것 고민이 많아 보였다. 주위 사람들에게 쇼핑몰을 해보고 싶다고 했더니 너무 힘들 거라고 다들 말렸다고 했다. 나 또한 제대로 된 시장 조사 없이 시작해서는 안 된다는 말을 전했고, 그녀는 자신이 생각하는 것보다 더 철저하게 준비해야 한다는 것을 깨달았다.

　사실 새로운 일을 하려고 할 때, 이 일을 해보지 않은 사람들의 말에는 귀 기울이지 않는 편이 낫다. 세상 어디에도 쉬운 일이 없다. 힘들지만 누군가는 원하는 것을 이루어낸다. 자신의 꿈을 위해 자신의 인생을 위해 도전하는 일 앞에서 타인의 말 한마디 한마디에 흔들릴 거라면 차라리 아무것도 시작하지 않는 편이 낫다.

　오랜 직장 생활로 나이가 들어서 퇴직하는 사람은 고민이 많다. 그동안 자신이 무엇을 잘하는지도 잘 모르고, 어떤 일을 시작해야 할지 그동안 크게 고민하지 않았기 때문이다. 제대로 된 준비 없이 가게를 차리거나 동업하자는 유혹에 넘어가 큰돈을 날리는 사람을 많이 봤다.

　쇼핑몰 창업을 희망하고 필자에게 연락을 해오는 사람 중 제대로 된 준비를 하는 사람은 거의 없었다. '많은 이들이 이미 하고 있으니, 나도 할 수 있겠다'라고 생각하지만 어떤 부분을 준비해야 하는지, 어떤 부분이 힘든 지에 대한 고민은 없어 보여 안타까웠다.

쇼핑몰 컨설팅을 하다 보면, 이미 잘나가고 있는 쇼핑몰을 벤치마킹하면서 자신과는 어울리지 않는 방식을 무조건 따라 하려는 사람이 종종 있다. 남의 옷을 입은 것처럼 전혀 어울리지도 않는데 잘나가는 사람과 같은 스타일로 옷을 입고 사진을 찍으면 될 거라고 판단한 것이다. 그들에게는 그들에게 맞는 스타일이 있고 나에게는 나에게 맞는 스타일이 있다는 것을 알아야 한다.

자기다운 브랜드로 오래 살아남기 위해서는 자신만의 철학을 반드시 가져야 한다. 작은 일을 해도 철학을 가지고 시작하는 것은 무엇보다 중요하며, 대기업의 브랜드여도 철학이 없다면 오래가기 힘들 것이다. 그저 매출만을 생각하는 기업이 오래도록 사랑받을 수는 없다.

1인 기업으로 시작하더라도 꿈은 크게 가져야 한다. 큰 그림을 그리고 시작한다면 지금 힘들더라도 앞으로 다가올 미래를 상상하며 즐겁게 운영해나갈 수 있을 것이다.

온라인 마켓으로
제2의 월급을 만드는 핵심 비결

요즘 적자에 허덕이는 자영업자들이 많아 그들의 한숨이 크다. 서울 강남역이나 홍대입구역, 신촌과 같은 핵심 상권도 예외가 아니다. 경기가 급격히 나빠지면서 가게 문을 닫고 싶어도 인수할 사람을 찾지 못해 울며 겨자 먹기로 장사를 이어가고 있다고들 한다. 장사를 시작할 때는 상권이 좋아 비싼 권리금을 내고 들어왔지만, 그 권리금마저 포기해야만 하는 곳이 많다. 적자지만 어쩔 수 없이 문을 닫지 못하는 곳이 속출하고 있다.

직장에 다니면서 창업을 시작하든, 직장을 그만둔 후 시작하든 상관없이 온라인 창업은 무조건 작은 규모로 시작해야 한다. 아무리 자본금이 넉넉하다 하더라도 말이다. 처음에 의욕이 많아 '남들에게 그럴듯하게 보여주고 싶다'는 욕심에 무리하게 시작하는 사람이 있다. 이런 경우, 창업 후 발생하는 문제에 유연하게 대처하지 못해 빠르게 일을 접는 일이 많다.

상품을 판매할 수 있는 자신만의 시스템을 구축하는 것이 창업이다. 누군가의 시스템을 위해 시키는 일만 하는 것보다, 자신이 주도하에 모든 것을 결정해야 하는 창업의 세계는 훨씬 험난하다. 시작도, 운영해나가기도 모두 쉽지 않지만, 그 고충이 자신이 하고 싶은 일을 한다는 그 기쁨을 넘어서지는 못한다. 진정 좋아하는 일을 시작한 사람이라면 말이다.

요즘은 직장에 다니면서 미래를 준비하는 사람이 많다. 한 독자는 대기업에 다니면서 창업을 준비하는데 잘하고 있는 건지 모르겠다고 하소연했다. 주말에는 디자인 학원에 다니면서 옷을 디자인하기 위한 역량을 키우고 있는데, 친구와 동업을 할 예정이라 가끔은 의견이 맞지 않아 고민이라고도 했다. 시작도 하기 전에 상품을 제작하는 것을 목표로 하고 있었다. 필자는 일단 판매를 시작해보고 나서 제작을 해도 늦지 않다고 말해주었고 동업은 더욱 신중히 해야 한다고 조언했다.

창업은 그저 하고 싶은 것을 실현하는 데만 목표를 두어서는 안 된다. 하고 싶은 일을 제대로 하기 위해 어떤 준비를 해야 하는지 철저하게 공부하고 시작해야 한다. 그저 하나의 경험을 쌓기 위한 것이 아니라면 수익을 창출하는 부분을 생각하지 않을 수 없다. 모든 노력이 투입되었는데 아무런 결실을 볼 수 없다면 처음부터 잘못된 계획이다.

창업을 준비하는 사람의 현실은 다양하다. 모두가 다른 환경에서 다른 모습, 다른 방식으로 창업을 준비한다. 돈이 많아도 방법을 몰라서 헤매는 경우도 많고 방법을 잘 알아도 돈이 부족하다는 것에 초점을 맞추고 힘들어하는 사람도 있다. 아무리 자본이 많고 멋진 아이디어가 있어도 좋은 상품을 갖추지 않으면 팔 수 없다.

그리고 처음부터 누군가에게 의존하려는 마음으로도 제대로 시작할수 없다. 상품, 판매, 자금 조달, 브랜딩에 대한 모든 부분을 고민해야 한다. 어느 하나라도 소홀히 해서는 안 된다. 진지함과 철저한 계획 없이 원하는 인생을 살아갈 수 없다.

직장에 다니는 사람들이 힘들어도 시간을 활용해서 창업을 준비하는 것은 자신이 원하는 삶을 살아가기 위해서다. 남들이 시키는 일이 아닌, 자신의 주도하에 하고 싶은 일을 하며 살 자유를 얻기 위해서다. 그런 자유가 그저 주어진다고 생각해서는 안 된다. 자유는 그것을 얻기 위해 합당한 고통을 견뎌낸 자만이 가질 자격이 있다는 것을 잊지 말자.

얼마 전 만났던 L은 오랜 직장 생활로 건강이 나빠져 일을 쉬고 있었다. 창업을 준비하고자 마음을 먹고 필자를 찾아왔다. 부모님은 결혼하라고 성화이지만 자신은 결혼보다 자신의 꿈이 우선이라고 했다. 스스로 경제적인 능력을 갖추고 싶다고 했다. 건강상의 문제로 직장을 그만두었지만, 이제는 자신의 힘으로 좋아하는 일을 하며 살아가고 싶다고 했다. 그동안 자신감이 부족하고 방법을 몰라 시간을 많이 허비했지만 단 몇 시간의 컨설팅만으로 많은 자신감을 얻었고 탄탄하게 계획하고 준비하고 있다. 필자가 추천해준 책을 매일 읽으며 긍정에너지로 가득 채운 일상을 보내게 되었다.

창업을 위해 준비하는 과정은 인생이라는 거대한 성을 완성하기 위해 벽돌을 하나씩 쌓아가는 과정과 같다고 생각한다. 처음부터 탄탄하게 작업하지 않으면 한순간에 무너질 것이 분명하다. 시간이 걸리고 힘들더라도 반드시 견뎌내야 하는 과정이다. 필자는 창업을 시작할 때 누군가의 도움을 받거나 제대로 준비하지는 못했다. 그렇지만 오랜 시간 동안 꿈을 그리며 창업 관련 책을 많이 읽었다. 열정도 간절함도 컸기 때문에 부족한 부분을 조금씩 채워나갈 수 있었다. 그래도 다시 돌아간다면, 더 철저하게 준비할 자신이 있다. 늘 시간이 지난 후에는 후회와 아쉬움이 남는 법이다. 그래서 도움이 절실한 사람을 위해 창업 관련 책을 쓴다. 시행착오를 통해 얻은 깨달음을 책이라는 매개체를 통해 전해주고 싶다.

창업하기 전에는 인간관계가 정말 협소했다. 많은 사람과 어울리는 것을 싫어하기도 했고 혼자 있는 시간을 좋아했기 때문이기도 하다. 하지만 창업 이후에는 시장 조사를 하거나 일과 관련된 사람을 만나고 필요한 부분은 늘 찾아서 배움을 얻다 보니 자연스럽게 좋은 인맥이 많이 생기고 있다. 책을 통해 좋은 사람도 많이 만났다.

직장에 다니면서 창업을 준비하면서 불안함과 두려움이 밀려

올 수도 있다. 그럴 때는 틈나는 대로 시간을 내어 배움이 있는 열린 공간으로 가라고 말해주고 싶다. 자신을 계발하는 사람이 모여 있는 곳, 현실에 머물러 있지 않고 성장하려는 사람들이 살아 숨 쉬는 곳을 찾아가길 바란다. 그런 곳에 가면 더 많은 의욕이 생기며 생각지 못했던 아이디어를 얻을 수 있고 다른 사람들로 인해 그 아이디어가 실현될 수도 있기 때문이다.

지금도 늘 바쁘지만 배움을 놓지 않는다. 필요한 것은 늘 배우기 위해 밖으로 나간다. 책에서 배워야 할 것이 있고 장소를 찾아가야 할 때도 있다. 적절한 방식을 찾기 위해 늘 고민한다. 새로운 장소와 새로운 책에서 좋은 사람을 만나고 새로운 정보를 얻으며, 인생에 더 많은 비전을 가지게 된다. 혼자 있는 시간의 가치도 알아야 하지만 늘 세상과 함께 숨 쉬면서 사람 사이에서 배워야 한다. 어떤 사람도 혼자 성공할 수 없다. 자신을 둘러싼 관계가 창업에 많은 영향을 준다는 것을 안다면 처음부터 사람을 대하는 태도 또한 달라질 수 있을 것이다.

희망 없는 삶이 가장 불행하다고 생각한다. 어제도 오늘도 힘들더라도 내일의 희망을 품고 살아가는 사람은 현실을 견뎌내는 힘이 있다. 지금도 많은 사람이 자신의 꿈을 향해 오늘의 편안함을 포기하며 애쓰고 있는 중이다. 사람에게 가장 중요한 것은 내일에 대한 희망이다. 꿈이 있는 사람은 어떠한 고통도 감내할 수 있다.

직장에 다니면서 제2의 월급을 만들기 위해서 온라인 마켓만한 것이 없다. 퇴근 후 투잡을 뛰는 사람이 많고 주말에도 쉬지 않고 아르바이트를 하는 사람도 많다. 그런데 이렇게 일시적인 수입을 위해 일하는 것은 그만두었을 때 아무것도 남지 않는다는 문제점이 있다. 당장 수입은 늘어날지 모르지만, 미래를 위한 투자에 대한 개념은 전혀 없기 때문이다.

오프라인 매장보다 온라인 매장에서의 소비가 늘어나는 이 시점에서 '넘쳐나는 쇼핑몰 중 자신이 운영하는 마켓 하나는 있어야 하지 않을까?' 하는 생각이 든다. 유지비용이 많이 들지 않는 온라인 마켓을 제대로 계획하고 준비한다면 무궁무진한 가능성이 있다.

물론 마켓만 만든다고 해서 돈이 절로 들어오는 것은 아니다. 세상의 변화를 빠르게 따라가야 하는 온라인 마켓 시장을 공부하고 연구하는 것만으로도 지금보다 훨씬 더 많은 아이디어를 가져다줄 수 있을 것이다.

세상을 알아야 돈을 벌 수 있는 시대다. 사람들의 미묘한 생각의 변화까지 감지해야 하는 온라인 시장에서 자신의 잠재능력을 시험해보는 것도 인생에서 의미 있는 일이다. 시작했으면 포기해서는 안 되고, 더 잘하기 위해 끊임없이 노력하고 연구해야 한다. 무조건 살아남아 결국에는 자신이 좋아하는 일로 크게 성공할 그 날까지 제대로 준비하고 시작하자.

평생 직업의 초석을 만드는 기회, 온라인 마켓

어린 시절에는 지금 하는 생각, 선택이 남은 인생에 얼마만큼의 영향을 주는지 짐작하지 못했다. 현재 처해있는 상황에만 집중했고, 눈앞에 일만 해결하면 앞으로도 모든 일이 잘될 거라는 근거 없는 믿음도 있었다.

그런데 이제는 작은 선택도 미래를 염두에 두고 해야 한다는 것을 안다. 다양한 경험과 도전으로 언제나 세상의 움직임에 관심을 가져야 한다는 걸 깨달았다. 그것이 자신의 인생을 제대로 바라볼 줄 아는 혜안을 가질 수 있는 지름길이라는 사실도 말이다. 그렇더라도 넓은 세상 속에 존재하는 본인의 인생을 바라볼 때는 좀 더 집중해서 자신을 제대로 알아가는 노력이 필요하다.

나이를 먹는다고 해서 자신을 잘 아는 것이 아니다. 필자보다 나이가 훨씬 많은 사람도 자신이 무엇을 좋아하는지 모르겠다고 하소연한다. 온라인 마켓을 통해 자신이 무엇을 좋아하는지 충분히 알아갈 수 있다고 믿는다. 자신이 진정으로 좋아하는 것은 다른 사람에게도 알려주고 싶은 마음이 든다. 그것을 통해 스스로 수익을 창출한다는 것은 그 무엇과도 비교할 수 없는 큰 기쁨을 준다.

수많은 자영업자가 창업 후 빠르게 문을 닫는 까닭은 자신에게 맞는 일인지 신중하게 고민하지 않았고 철저한 계획과 분석 없이 시작했기 때문이다. 한국에서는 불경기에도 흔들리지 않는 전통을 가진 가게를 찾기 어렵다. 오히려 돈을 많이 벌면 생각 없이 확장하고 변화하기 바쁘다.

그런데 일본은 다르다. 오사카에는 '마루후쿠丸福 커피점'이 있다. 1934년에 창업해서 지금까지 운영하고 있다. 100년이 넘는 가게도 있지만 잘되더라도 옛 모습을 이어가기 위해 노력한다고 한다. 가게가 잘되면 자손 대대로 이어가는 경우가 많다. 좋은 가게를 오래 유지하기 위해서 오랜 기간에 걸쳐 장인이 되기 위한 수행을 하는 사람도 많다. 그만한 노력과 투자를 할 만한 가치가 있다고 생각하기 때문이다.

어디에서 창업을 시작하든 이런 정신이 필요하다. 멀리 바라보고 시간과 비용과 노력을 투자해야 한다. 인내심 없이 시작하는 창업은 오래가지 못한다. 당장 돈이 안 되는 일이어도 미래를 위해 토대를 마련할 수 있다면 그 경험을 소중히 여겨야 한다. 젊음의 장점은 실패도 좋은 경험이 된다는 것이다. 나이가 들어서도 새로운 도전을 할 수 있다면 좋겠지만 쉽지 않을 것이다.

뉴욕 맨해튼의 상점도 불경기를 비껴가지 못하는 것인지 줄줄이 문을 닫고 있다. 지난해 미국에서는 9000여 개의 상점이 문을 닫았다고 한다. 그 원인은 온라인 쇼핑이다. 생필품을 비롯한 전자제품, 식료품까지도 인터넷으로 구매하기 때문이다. 미국뿐 아니라 영국 상점도 마찬가지 상황이다. 자영업자의 폐업률이 높은 우리나라도 같은 실정이다. 퇴직금으로 가게를 차릴 것이 아니라 온라인 쇼핑몰을 운영하는 편이 훨씬 안전하다.

소비를 주도하는 많은 여성이 옷이든 화장품이든 매장에서 써보고 입어보고 결제는 온라인으로 하는 실정이다. 안정된 직장에서 꿋꿋하게 정년까지 직장 생활을 하다가 퇴직 후 그럴듯한 가게를 차릴 것이 아니라 직장에 다닐 때 온라인 창업을 준비하는 것이 현명하다.

워런 버핏 Warren Buffett은 자신의 투자 기법을 야구에 비유해서 말했다.

일류 야구 선수는 아무 볼이나 치지 않는다. 자신이 좋아하는 구질의 공이 들어올 때까지 기다린다. 그 결과 좋은 성적을 거둘 수 있다. 하지만 일반 타자는 좋은 공과 나쁜 공을 구별할 줄 알아도 쳐야 한다는 욕심 때문에 기다림에 약하다. 바로 그게 문제이다.

직장에 다니면서 창업을 준비하는 마음 자세도 이러해야 한다. 인생

전체를 크게 들여다보고 당장 현실에서 벗어나려는 조급한 마음보다는 철저한 준비로 평생 직업의 초석을 만들겠다는 다짐이 필요하다.

수많은 사람들이 공무원이 되기 위해 적성에 맞지 않아도 공부하고 또 공부하며 떨어져도 또 도전한다. 그에 비해 창업은 너무나 쉽게 생각한다. 철저한 준비 없이 그냥 해보면 되고, 안 돼도 그뿐이라고 생각하는 이들이 참 많다.

이제 100세 시대이다. 80세까지 산다고 해도 인생에서 일해야 하는 기간은 분명히 일하지 않고 여생을 보내는 기간보다는 길어야 한다. 평생 일을 하며 살아가는데 언제까지 적성에 맞지 않는 일로 즐겁게 살아갈 수 있을까?

처음에 필자도 열정만 믿고 블로그 마켓을 시작했다. 시간이 지나면서 쇼핑몰은 처음부터 철저한 준비 없이는 끝까지 해나갈 수 없는 사업이라는 것을 깨달았다. 이 책을 읽는 열정 가득한 창업 준비생이 성급한 마음보다는 집을 짓기 위해 튼튼한 벽돌을 정성껏 하나씩 쌓는다는 마음으로 철저하게 창업을 준비하기 바란다. 어디서부터 시작해야 할지 모르는 사람을 위해 다음 파트에서 상세히 설명할 것이다. 무조건 다른 사람에게 도움을 구하기보다 스스로 배우고 습득하고 해결하려는 마음가짐을 가진다면, 훗날 역량을 갖춘 쇼핑몰 CEO로서 만족스러운 삶을 살아갈 수 있을 거라 확신한다.

지금의 시대는 급변하고 있으며 생각보다 구조가 복잡하다. 반면에 사람들은 그 속도를 빠르게 따라잡지 못한다. 늘 배움에 열려있지 않는다면 변화에 홀로 도태된 삶을 살아야 할지도 모른다. 준비된 자에게는 위기는 기회가 되지만 아무런 준비도 없는 사람에게는 위기 이상의 타격을 가져다준다. 필자가 아무리 바빠도 매일 책을 읽고 신문을 읽으며 세상의 흐름을 따라가기 위해 노력하는 이유다.

자기 일을 찾고 그 일을 오래 해나가기 위해서는 '어떤 일이 있어도 포기하지 않겠다'는 각오가 필요하다. 그런 사람은 포기하고 싶을 만큼 힘든 순간에도 일을 놓지 않을 것이며, 실패도 겸허히 받아들일 것이다. 앞으로 당신의 30년 후를 내다보고 큰 그림을 그리며 일을 해야 한다.

눈에 보이지 않는 비전을 향해 서툴러도 진지하게 행하는 모든 일이 결국은 성공을 위한 밑거름이 된다. 훗날, 직장을 그만두고 온전히 제일로 성과를 올릴 수 있는 날을 맞이할 수 있다면 그것은 모두가 이전의 경험과 노력이 있었기 때문임을 알아야 한다.

'부적소류 무이성강해 不積小流 無以成江海'라는 말이 있다. 순자의 말로 '작은 물줄기가 쌓이지 않으면 큰 강과 바다를 이룰 수 없다'라는 뜻을 담고 있다. 생각해보니, 처음에 창업을 시작하기 전에 판매를 위한 작은 경험을 여러 번 해 보았고 다양한 경로로 판매를 해 보았다. 온라인 쇼핑몰을 오픈하면서 생각지도 못했던 어려움이 많다는 사실도 알게 되었다. 새로운 도전에는 늘 어려움이 있지만, 이전의 경험은 조금이라도 도움이 되었다.

필자는 옷을 정말 좋아한다. 좋은 상품을 보면 누군가에게 꼭 말해주고 싶은 마음이 있다. 여자가 살아가면서 많은 관심을 쏟는 것도 바로 옷이다. 나의 인생에서 옷이 지닌 의미는 정말 크다. 책을 쓰고 강의를 하면서 바쁜 일상을 보내고 있지만, 쇼핑몰을 놓는다는 생각을 해본 적이 없다.

물론 쇼핑몰 운영에만 전적으로 시간을 투자하는 사람과 차이가 나겠지만, 급하게 생각하지 않고 성장시키려 한다. 나중에는 다양한 아이템으로 확장하고 싶은 욕심도 있다. 지금은 하나만 잘해서 살아갈 수 있는 세상이 아닌 것 같다. 하는 일 하나가 다른 일을 더 잘할 수 있는 원동력이 된다고 믿는다. 이런 점에서 직장에 다니면서 생활을 영위하면서 미래를 위한 창업을 준비하는 것은 너무나 자연스러운 일이다.

당신의 인생을 책임져주지 못하는 직장에만 신경 쓰다가는 언제 어떤 일이 당신의 삶을 힘들게 만들지 모른다. 안전할 때, 미래를 대비하기는 쉽지 않다. 하지만 쉽지 않은 일을 시작하는 사람은 결국에는 원하는 인생에 더 빨리 다가갈 수 있을 것이다.

회사를 원망하고 세상을 한탄하는 대신, 자신의 미래를 위해 그리고 남은 인생을 위해 오늘이라는 씨앗을 매일 뿌려야 한다. 누구나 시작할 수 있는 온라인 마켓 창업을 통해서 평생 직업의 초석을 만들어보면 어떨까?

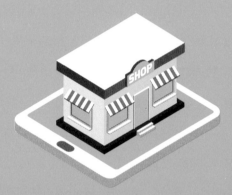

PART 2

혼자서도 할 수 있는
온라인 마켓
어떻게 준비하면 좋을까?

—

판매 아이템: 자신이 좋아하는 것이 최고의 아이템이다

온라인 마켓 창업을 하고 싶지만, 판매 아이템조차 결정하지 못한 이들이 생각보다 많다. 자신이 무엇을 좋아하는지를 잘 알지 못한다면 무엇을 팔아야 할지 고민이 될 것이다. 아이템을 정하기 위해서는 자신의 생활을 객관적인 시각으로 자세히 들여다보아야 한다. 우선 평소 자신의 취미와 특기가 무엇인지 생각해본다. 가까운 주변 사람들에게 자신이 무엇을 좋아하는지에 대한 의견을 들어보는 것도 좋다. 의외로 친한 사람이 자신을 더 잘 아는 경우도 있기 때문이다. 이렇듯 일상에서 힌트를 얻어 아이템을 정할 수 있다.

아이템을 정했다면 선택한 아이템에 대한 여러 가지 지식과 상품을 안정적으로 확보할 수 있는 루트가 있는지를 점검해야 한다. 아이템에 대해 자신보다 더 잘 아는 사람이 있다면 도움이 필요할 때 협의할 수 있고 의욕도 더 많이 생길 수 있다. 경쟁자가 많은 아이템이더라도 바로 포기하지 말고 자신만의 차별성을 가질 수 있는지도 고민해보아야 한다.

상품을 판매하는 이유는 '수익을 내기 위해서'다. 아무리 인기가 많고 좋은 상품도 상품을 공급받아 마진율이 낮다면 판매하는 의미가 없다. 당신이 직접 상품을 만드는 것이 아니라 제조사로부터 공급받는다면 그 상품에 대한 철저한 분석이 필요하다. 화장품이라고 가정한다면, 가성비가 좋아 고객의 만족을 끌어낼 수 있는 지, 인지도가 어느 정도 있는지, 기존에 나와 있는 화장품과 비교해서 어떤 차별점이 있는지 등을 분석해야 한다.

기능성 제품이라면 검증이 되었는지, 다른 사람이 공급받을 때와 다른 장점이 있는지 등도 중요하다. 당신이 원하는 시점에 상품을 제대로 판매 가능한지 파악하지 않는다면 또 다른 공급자에 밀려 수익을 내지 못할 수도 있다.

큰 자본 없이 판매할 수 있는지도 중요한 문제다. 특히 상품 공급자가 어떤 사람인지 잘 알지 못한다면 이용만 당하고 시간과 돈만 허비할 수 있으니 여러모로 신중하게 결정해야 한다. 이 모든 부분이 유리하게 작용한다면, 큰 자본 없이, 큰 리스크 없이 좋은 상품을 많은 소비자에게 판매하고 만족스러운 이익을 얻을 수 있을 것이다. 사후관리A/S가 필요한 제품이라면 제조사가 어떻게 대처하는지도 미리 알고 있어야 고객

불만이 생겼을 때 빠르게 대처할 수 있다.

아이템을 선정할 때부터 그 아이템을 판매하고 있는 곳과 타깃 고객에 관한 연구도 함께 이루어져야 한다. 아이템을 먼저 정하고 시장 조사를 해도 되지만, 수요가 있는 상품인지 확신이 서지 않을 때 하면 어떤 아이템을 선택할지 도움이 많이 되기 때문이다. 아이템을 이미 결정하고 시장 조사를 할 때도 생각보다 선택한 아이템이 적절하지 않다는 판단으로 생각이 바뀔 수도 있다.

본인이 원하는 아이템을 많이 판매할 수 있는 시기에 시작하는 것도 중요하다. 옷을 판매한다면 봄에 시작하는 것이 좋다. 그리고 도매가가 높은 재킷이나 코트보다는 도매가가 낮은 티셔츠나 원피스 등을 먼저 판매해본다. 여름에는 봄에 확보한 고객들에게 자신의 상품을 더 효율적으로 판매할 수 있을 것이다. 가을이 시작될 때, 옷을 구매하려는 고객이 늘어나는 만큼 그동안의 노하우로 고객의 니즈에 맞는 상품을 판매하고 겨울에 가격이 높은 상품들도 시도해볼 만하다. 제대로 된 판매를 하기까지 어느 정도의 시간과 노력이 필요하다는 것을 알고 좀 더 앞서서 준비하고 고민하는 자세를 가져야 한다.

상품을 판매할 때는 자신의 콘셉트에 딱 들어맞는 대표 상품을 내세우고 대표 상품을 뒷받침해주는 기본 상품을 함께 준비한다. 트렌드에 뒤처지지 않으면서 콘셉트에서 벗어나지 않는 상품이어야 한다. 특별히 유행에서 벗어나지 않으면서 시간이 지난 후에도 함께할 수 있는 상품이라면 고객에게 더욱 매력적으로 다가갈 수 있을 것이다. 대표 상품과 기본 상품이 잘 어우러질 때 콘셉트가 분명히 드러난다. 콘셉트에 맞는 마켓의 분위기를 만들어낼 수 있기 때문이다.

요즘은 1인 가구의 급증으로 그들의 욕구를 채워줄 수 있는 상품을 판매하려는 움직임이 많다. 먹는 것뿐만 아니라 즐기는 문화도 예전과 다르게 소박하고 검소해진 분위기다. 스스로 만들어 사용할 수 있는 파티용품에 관한 관심도 늘어나고, 작은 공간이지만 셀프 인테리어를 해보고 싶은 사람도 늘어났다. 무조건 브랜드 상품만이 자신의 가치를 높여준다는 생각도 많이 사라진 것 같다. 그만큼 자신의 삶에 좀 더 집중하는 분위기로 변해가고 있다. 이렇듯 고객의 심리가 어떻게 변하는지 늘 관심을 가져야 한다.

처음부터 다양한 아이템을 판매하려고 하는 것은 욕심이다. 하나의 아이템에 집중하고 반응이 좋고 안정이 되면 아이템을 추가로 늘려가는 것이 좋다. 예를 들어 옷을 판매할 때 다음에 신발이나 액세서리 등을 늘려가는 방식으로 차근차근 준비하는 자세가 필요하다.

창업을 시작하려는 사람을 만나보면 아이템을 선정할 때 두루뭉술하게 결정을 해버리는 일이 많았다. 단순히 여성 의류를 해 보고 싶다던지, 수입 의류를 해보고 싶다는 등 아이템에 대한 구체적인 고민이 부족해 보였다.

해당 아이템을 세분화하여 전문적으로 판매할 수 있는 상품을 선택해야 한다. 자신과 잘 맞으면서 시장에서의 수요는 충분한지, 자신의 장점을 잘 살릴 수 있는 아이템인지 생각해야 한다. 사회적인 변화에 유연하게 대처할 수 있는 아이템이라면 좋을 것이다. 일시적인 수요를 충족시키거나 위험한 아이템은 피하는 것이 좋다. 자신이 즐겁게 오래 판매할 수 있는 아이템으로 선정하자.

자신의 강점을 활용해 고객에게 어필할 수 있는 아이템을 선정하고 얼마나 다양한 상품을 준비할지, 상품 포장은 어떤 식으로 할지, 제품 이름은 어떤 식으로 정할지 등을 고민해야 한다. 가격은 무조건 경쟁자보다 저렴하게 판매해야 한다는 생각보다는 상품의 성격에 따라, 마케팅 전략에 따라 다르게 정하는 것이 좋다. 마진율을 높이면서도 고객의 만족을 끌어낼 수 있는 다양한 전략을 세워야 한다.

판매할 상품을 구매하다 보면 같은 가격인데도 훨씬 품질이 좋은 상품을 찾을 수 있다. 그런 상품은 조금 더 높은 마진을 붙여서 판매할 수 있다. 좋은 아이템을 찾아내는 것이 매출을 높일 수 있는 필수적인 부분이다. 도매상인들 또한 보이지 않는 노력을 통해 경쟁업체보다 더 좋은 상품을 더 저렴한 가격에 판매하려고 한다. 이왕이면 더 실력 있는 공장에서 더 좋은 원재료로 품질 좋은 상품을 만들어내는 것이 매출을 올리기 위해 가장 중요하다는 것을 알기 때문이다. 그런 노력을 기울이는 도매처를 끊임없이 찾아내야 한다는 것을 잊지 말자.

상품을 판매할 때, 가장 큰 위험 요소는 바로 재고다. 팔다 남은 재고는 이미 그 가치를 상실한다. 아깝다고 생각하지 말고 빠르게 처분하는 것이 유리하다. 상품을 사들일 때부터 이런 부분을 생각해야 한다. 따라서 사이즈가 너무 다양한 것보다는 단일 사이즈로 나오는 것부터 시작해보는 것이 좋다. 색상도 마찬가지다. 자신이 좋아하는 독특한 색상보다는 무난하게 판매하기 쉬운 컬러를 위주로 판매해본다면 재고에 대한 부담감도 줄일 수 있다.

쇼핑몰을 운영하기 위해서는 아이템을 보는 안목이 아주 중요하다. 그리고 이러한 안목은 타고나는 것은 아니라서 노력에 따라 충분히 높일 수 있다. 자신이 판매하고자 하는 상품을 이미 판매하는 경쟁자의 쇼핑몰을 분석하여 자신의 안목을 테스트해볼 수 있다. 먼저 이 일을 시작하고 잘하고 있는 사람의 쇼핑몰을 분석하면서 상품은 어떤 식으로 올렸는지, 고객의 반응은 어떤지 살펴본다.

아이템을 정할 때는 순환 속도가 빠르고 계절에 상관없이 판매할 수 있는 상품이면 더욱 좋다. 간혹, 자신이 좋아하는 것이라고 해서 이런 조건을 고려하지 않고 판매를 시작하려는 사람이 있다. 특히 농수산물 같은 경우는 유통과정에서 손실, 파손, 변질의 위험이 있어서 상품을 선택하는 것에서부터 보관, 포장까지 더 세심한 주의를 기울여야 한다.

인터넷은 소비자의 니즈를 데이터로 얻을 수 있는 멋진 공간이다. 소비자를 직접 만날 수는 없지만, 검색 키워드 분석을 통해 생각을 읽을 수 있다. 옥션, G마켓, 11번가 등에서 사람들이 찾는 상품명 키워드를 통해 고객의 니즈를 파악해본다. 상품에 대한 검색으로 틈새 아이템을 찾아낼 수 있다.

혼자서도 할 수 있는 온라인 마켓, 어떻게 준비하면 좋을까?

사람은 좋아하는 대상이 있을 때, 지속적인 관심을 가질 수 있다. 그리고 좋아하는 것에 대해서는 알아가고 싶다는 욕망이 생긴다. 어떤 상품에 대해 개인적인 지식이 많더라도 그것을 좋아하지 않는다면 더 알고 싶다는 생각이 들지 않고 계속 함께하는 것이 즐겁지도 않을 것이다. 이것이야말로 시도 때도 없이 떠올리고 싶은 아이템, 자신이 진정 좋아하는 아이템을 팔아야 하는 이유다.

타깃 고객: 모두를 위한 상품은 누구를 위한 상품도 아니다

모두를 만족시킬 수 있는 상품은 존재하지 않는다. 많은 사람을 만족시키려는 욕심으로는 진짜 고객을 만날 수 없다. 고객을 세분화하면 할수록 고객의 마음에 포지셔닝하기가 쉽다. 타깃 고객은 콘셉트에 맞게 세분되어야 한다. 고객의 나이, 직업, 교육 수준, 월 소득 등 구체적으로 생각해야 하며 그들의 특징과 라이프 스타일까지도 파고들어야 한다. 타깃을 명확하게 정의한다는 것은 일관성 있는 콘셉트를 유지할 수 있게 해준다. 그리고 고객을 더 잘 알수록 상품도 더 잘 판매할 수 있다.

예를 들어, '의류 쇼핑몰'이라는 큰 카테고리를 정했다면 조금씩 더 세분화하는 작업이 필요하다. 의류 중에서 여성 의류, 여성 의류 중에서

20대, 그중에서 초·중반 여성을 타깃으로 편한 의류 쇼핑몰로 정했다면 더 세분화해서 20대 초·중반 여성이 입는 트레이닝복 쇼핑몰이라고 최종적으로 정해볼 수 있다. 고객을 세분화하고 표적화함으로써 고객이 당신을 스스로 찾아오게끔 만들어야 한다.

아이템을 정할 때는 꼭 많은 사람이 선택하는 아이템으로 정할 필요는 없다. 자신이 생각하는 아이템이 독특한 상품이어도 상관없다. 한정된 고객을 위한 판매가 얼마나 많은 수익을 올려주겠냐고 반문하는 사람도 있을 것이다. 아무리 독특한 상품이라 할지라도 그 상품을 사려고 하는 사람을 당신의 마켓에 모두 끌어온다면 이야기가 달라진다.

당신이 생각하는 것보다 다양한 마켓이 존재한다. 큰 사이즈를 입는 여성을 위한 쇼핑몰이 존재하고 평균보다 마른 체형의 여성을 위한 쇼핑몰도 있다. 아무래도 다양한 아이템을 판매하는 곳보다 자신이 찾는 아이템만 판매하는 곳이 더 전문성을 가질 거로 생각할 확률이 높다. 검색으로 상품을 찾았을 때 관련 상품이 많은 곳에서 선택하고 싶을 것이다. 타깃 고객을 정할 때는 지나친 욕심보다는 전문성을 갖추겠다는 생각으로 정하는 것이 현명하다.

자신이 판매하는 상품에 대한 타깃 고객을 세분화했다면 콘셉트에 맞는 정확한 스타일을 제시할 필요가 있다. '30세의 헤어 디자이너로 일하는 김미영'이라는 고객을 타깃으로 잡았다고 예를 들어보자. 타깃 고객인 그녀가 어떤 라이프 스타일인지 알아야 한다. 다음과 같이 구체적으로 기술해보자.

그녀는 고객에게 자신의 전문성을 드러내는 스타일리시한 옷을 선호하면서도 불편하지 않은 옷을 고른다. 온종일 서서 일을 해야 하기 때문이다. 주말에는 미용을 배우는 학생들을 위해 학원에 나가서 강의한다. 직장도 강의를 나가는 학원도 집도 서울에 있다. 평일에는 업무가 늦게 끝나기 때문에 휴일이나 주말에 친구를 만나며, 쇼핑을 즐겨한다. 한 번 입고 마는 옷보다는 소재가 좋고 스타일이 좋은 옷을 사는 편이다.

이렇게 구체적으로 타깃 고객의 일상을 생각하다 보면 그 안에서 수많은 아이디어를 발견할 수 있다. 헤어 디자이너라는 직업은 전문적인 일이지만 일을 하지 않는 날에도 같은 스타일의 옷을 입지는 않을 것이다. 주말에 친구를 만나거나 학생들을 대할 때는 일할 때보다 조금 더 편안한 옷을 선택할 수 있지 않겠는가.

전문직 여성을 위한 세련되고 트렌디한 옷을 메인으로 선택하더라도 서브 아이템은 편안한 아이템으로 선택해서 타깃에 맞는 상품으로 마켓을 채워나갈 수 있다. 품질이 좋은 고가의 상품을 주 상품으로 하더라도 여행갈 때나 일상에서도 함께 할 수 있는 종류의 옷도 필요하다. 비싼 옷을 좋아하는 사람이라고 해서 늘 그런 옷만 입는 것은 아니다. 장소나 상황에 따라 입는 옷은 다르다. 이런 부분을 고려해서 가격이 저렴한 상품도 함께 판매할 수 있다면 좋다.

타깃의 라이프 스타일을 파악하지 못한다면, 단편적인 시각으로 판매까지 이어질 우려가 있다. 구체적으로 생각하고 기록까지 해보려는 노력을 반드시 기울여야 한다. 자신의 고객을 명확하게 정의할 수 있다는 것은 고객에게 가장 적합한 상품을 보여줄 수 있다는 의미이다.

전공과 상관없이 많은 사람이 선택하는 일이 바로 '온라인 마켓'이다. 자신의 전공 분야와 관련이 있다면 더 큰 자신감으로 시작할 수 있겠지만 대부분은 전공과 무관하다. 그러니 '이제부터 준비하고 알아간다고 해서 너무 뒤처진 것은 아닐까?' 하는 걱정을 앞세우지 않기를 바란다.

무조건 전공자나 관련 일을 해봤던 사람이 더 유리하고 성공 확률이 높아지는 것은 아니다. 쇼핑몰을 운영하는 지인 중에는 관련 전공자가 꽤 있다. 웹 디자인을 전공한 사람도, 사진 관련 전문가도 있다. IT기술 관련 전공자도 있어서 그들이 쇼핑몰을 운영하는데 훨씬 더 유리하다고 생각했다. 그러나 아니었다. 그들에게도 쇼핑몰 운영은 힘든 일이었고 자신이 가진 기술보다 더 중요한 것이 고객을 이해하는 것임을 알게 되었다고 한다.

기술과 판매는 다른 것이다. 물론 유리한 부분도 있겠지만 그런 자신감으로 시작해서 생각보다 쉽지 않다는 이유로 그만두는 사람을 많이 보았다.

블로그 쇼핑몰을 시작했을 때, 필자가 판매한 상품은 가격이 저렴하지 않았다. 가격은 높지만, 백화점 브랜드 옷과 비교해서 품질이 뒤지지 않는 상품이었다. 백화점 브랜드 옷 가격보다 훨씬 저렴한 상품이어서 충분히 가치가 있다고 판단했다. 블로그에 상품을 올리고 처음에는 너무 비싸다는 반응이 많아 한동안 고민했다. '가격이 저렴한 제품을 판매해볼까?' 하는 생각을 해보았다. 사람들이 던지는 말 한마디 한마디에 마음이 흔들렸다. 그래도 필자가 입지 않을 상품을 판매하고 싶지는 않았다.

처음부터 높은 수익을 내려는 목적으로 시작하지 않았다. 시간을 두고 필자가 선택한 아이템을 내내 올렸다. 언제부턴가 싼 상품만 찾던 사람들은 떠나가고 필자와 비슷한 취향을 가진 사람이 상품을 샀다. 자신의 콘셉트에 맞게 상품을 올리다 보면 결국에는 자신과 맞는 고객이 찾아온다는 것을 깨달았다.

상품만 판매하는 것이 아니라 고객과 소통하면서 친구처럼 지내는 고객이 늘어났다. 필자를 신뢰하는 사람은 다른 곳에서 파는 상품이 마음에 들어도 나에게서 비슷한 상품을 사서 입었다. 원하는 상품이 있으면 구해달라는 말도 했다. 고객의 요구가 필자의 콘셉트에 어긋나지 않는다면 상품을 사들일 때 많은 참고가 되기도 했다. 늘 고객의 목소리에 귀 기울였기 때문에 즐겁게 일할 수 있었다.

마켓에서 상품을 판매하는 사람은 무조건 고객을 쫓아다녀서는 안 된다. 고객이 스스로 찾아올 수 있도록 미리 준비되어 있어야 한다. 그리고 한 번 찾아온 고객은 절대 놓치지 말자. 신규 고객을 찾는 것보다 기존 고객에게 추가로 판매하는 일이 훨씬 수월하다. 신규 고객을 얻기 위해 기울인 노력을 생각한다면 한 번 찾아온 고객을 단골로 만들기 위한 노력 또한 소홀히 해서는 안 될 것이다.

콘셉트:
아직도 제품을 팔고자 하는가

'여성의 고귀한 삶을 추구하는 쇼핑몰'

이는 필자가 운영하는 '허스타우먼'의 콘셉트이다. 허스타우먼Hurstar woman의 '허Hur'는 '고귀'라는 의미를 담고 있으며 '스타Star'는 밤하늘의 빛나는 별을 생각했다. '밤하늘의 빛나는 별처럼 세상에 존재하는 모든 여성은 고귀한 삶을 살아갈 자격이 있다'는 생각을 이름에 담았다. 단순해 보이지만 여성의 가치를 높여줄 수 있는 상품, 가격이 아주 비싸지 않아도 고급스러운 느낌이 있는 옷을 지속해서 소개하기 위해 노력한다. 여성의 고귀한 삶을 위해서는 자신을 사랑하는 마음이 가장 중요하다고 생각한다. 그래서 '오늘 나를 더 사랑하기로 했다!'를 슬로건으로 내세웠다.

사실 콘셉트를 정할 때, 필자의 삶을 가장 먼저 생각했다. 필자가 원하는 삶은 무엇인지 그리고 나와 같은 생각을 하는 이들이 반드시 있을 것이라는 믿음이 있었다. '비슷한 디자인이어도 필자를 더욱 돋보이게 해주는 옷은 어떤 옷일까?'를 고민했다. 나를 잘 표현해줄 수 있는 옷은 날개를 달고 나를 원하는 곳으로 더 가까이 다가갈 수 있게 도와준다는 믿음이 있다. '옷이 인생을 바꾼다'라는 말이 있을 정도로 개체로서 살아가는 데 중요한 역할을 한다.

지금보다 조금이라도 더 만족스러운 삶을 위해 노력하는 쇼핑몰이 되고자 하는 마음에서 이러한 콘셉트를 생각하게 되었다. 자신을 사랑하는 여자라면 매일 자신과 함께하는 옷에 대해 특별한 관심을 가질 거라는 생각이 든다. 콘셉트를 정할 때는 고객의 관점에서, 고객이 원하는 것은 무엇인지, 고객을 이해하는 마음이 우선되어야 한다.

다른 사람과 차별화된 콘셉트를 정한 후 판매를 위한 모든 과정은 콘셉트에 맞게 이루어져야 한다. 상품을 선택하고 코디하고 촬영하며 마케팅하는 모든 과정에서 콘셉트는 아주 중요한 역할을 한다.

사실, 가격보다 중요한 경쟁력을 가지는 것이 바로 콘셉트이다. 처음부터 고객의 입맛에 딱 들어맞는 콘셉트를 만들어내기가 쉽지 않다. 마케팅 전문가의 예상도 빗나가는 일이 허다하다. 콘셉트는 결국, 자신이 지향하는 가치를 의미한다. 어떤 차별화된 가치로 고객을 만족시킬 것인가 하는 문제이다. 결국 제품이 아닌 콘셉트를 팔아야 한다. 마켓을 운영해나가면서 더 나은 콘셉트로 진화해나가려는 노력이 필요하다.

대기업도 끊임없이 콘셉트에 관해 연구하며 변화를 추구한다.

프리미엄 온라인 식료품점의 선두주자로 떠오른 온라인 쇼핑몰이 있다. 바로 '마켓컬리Marketkurly'다. 김슬아 대표는 고액의 연봉을 주는 회사에 다니고 있었지만 새로운 도전을 꿈꾸었다. 자신이 늘 관심이 있던 건강하고 맛있는 음식에 주목했다. 자신처럼 신선한 식자재로 만든 질 좋은 먹거리에 관심 있는 사람이 많으리라 생각했다.

2015년 1월, 마켓컬리의 전신 '더 파머스'를 탄생시키고 더파머스에서 마켓컬리를 본격적으로 론칭하기까지 4개월이 소요되었다. 벤처 캐피털 한 군데서 '신선한 식재료를 매일 아침 집 앞에 가져다준다'는 아이디어에 50억 원을 투자하면서 힘이 실렸다. 마켓컬리는 산지 직송 유기농 채소와 해외 유명 식자재를 다루면서 프리미엄 식자재를 원하는 주부들에게 입소문이 퍼졌다. 날씨의 영향으로 손해를 보는 일도 있었지만, 고객과의 신뢰를 위해 감수했다. 마켓컬리의 진정성을 알아본 고객은 재구매를 하였다. 프리미엄 음식 재료라는 콘셉트로 서울 강남지역 30~40

마켓컬리의 로고 (출처 네이버)

대 주부에게 인지도를 높이고 지금은 소확행 트렌드를 따르는 20대 사이에서도 인기가 많다. '당신의 라이프 스타일을 완성하는 프리미엄 마켓'이라는 슬로건 아래 고객의 먹거리를 책임지겠다는 마켓컬리는 차별화된 콘셉트로 고객의 신뢰를 얻어서 성공한 사례다.

여성의류 쇼핑몰 '육육걸스'는 늘씬한 모델로 어필하는 쇼핑몰과 다르게 66사이즈 여성을 위한 콘셉트로 큰 수익을 올린다. 육육걸스의 박예나 대표는 '쇼핑몰에는 왜 마른 체형을 위한 옷밖에 없을까?' 하는 단순한 생각에서 창업 아이템을 찾았다고 한다. 남과 조금 다른 관점으로 생

육육걸스 홈페이지 (출처 육육걸스 사이트)

각하는 것이 필요하다는 것을 보여준다.

콘셉트를 정하기 위해서는 고객을 더 깊이 이해해야 한다. '고객이 상품을 통해 진짜 얻으려는 가치가 무엇일까?' 하는 고민을 해보아야 한다. 고객이 공감할 수 있다면 당신은 그 무엇이라도 판매할 수 있다. 고객에게 즐거움과 가치를 전해줄 수 있다면 고객은 자신이 찾던 상품이 아니더라도 그것을 선택할 것이다. 당신은 일상생활에서부터 관점을 넓히는 연습을 해야 한다. 남이 생각하는 것과 반대로 생각할 줄도 알아야 한다.

세상은 넓고 고객의 욕구는 다양하다. '이런 콘셉트도 고객을 만들어낼 수 있을까?' 하는 생각이 들더라도 생각지 못했던 수요층이 발생할 수 있다. 고객도 판매자와 마찬가지로 남과 구별되는 무언가를 갖고 싶다는 욕구가 있기 때문이다. 그들의 욕구를 충족시켜줄 방법을 고민해야 한다.

당신은 안정적인 길을 선택하려고 하겠지만, 남이 안정적으로 가는 길이 정답이라는 생각은 버려야 한다. 늘 의도치 않게 큰 성공을 이루는 이는 다른 이들이 생각하지 못하는 것을 떠올린 사람이다. 그리고 과감하게 그것을 행동으로 옮긴다. 무엇보다 중요한 것은 당신의 이익보다 고객에게 돌아갈 가치에 관한 생각을 우선으로 해야 한다.

개인적으로 스타벅스를 정말 좋아한다. 커피를 좋아하지 않아서 책을 쓰기 전에는 카페에 갈 일이 별로 없었다. 그런데 오랜 시간 카페에서 책을 쓰면서 스타벅스의 우수한 서비스에 자주 감탄한다. 컨설팅할 때도 요즘은 스타벅스에서 한다. 아마 집을 제외하고 가장 많은 시간을 보내는 곳이 아닐까 싶다.

카페에서 시간을 오래 보내서 그런지 커피 가격이 그리 비싸다고 느끼지 않는다. 오래 있으니 처음에는 조금 미안한 마음이 들기도 했는데, 지금은 내 집처럼 편안하다. 매번 갈 때마다 신메뉴를 출시하고 이벤트를 진행하고 있어서 늘 호기심 있게 지켜본다.

스타벅스에 가면 그곳의 문화가 있다. 업무에 효율적인 음악이 흘러나오고 편안하게 업무를 보는 사람이 많다. 휴대전화에 있는 애플리케이션으로 자리에 앉아서 음료를 주문할 수 있으며 VIP 고객에 대한 차별화된 전략으로 마니아층을 확보했다. 고객을 위한 감성 마케팅, 차별화된 서비스로 충성 고객이 절대로 이탈할 수 없는 완벽한 방어막을 형성해놓은 듯하다.

고객은 돈을 주고 커피만 마시는 것이 아니라 그들이 제공하는 문화를 함께 누리고 있으며 그 가치를 크게 생각한다. 고객은 스타벅스라는 브랜드를 신뢰한다. 공간의 차별화, 애플리케이션을 통한 고객 맞춤 서비스는 큰 만족을 끌어낸다. 당신이 어떤 사업을 시작하든 스타벅스처럼 고객을 생각하고 끊임없이 연구할 수 있다면 결국 성공하지 않을까?

벤치마킹: 성공자에게서 배워 자신만의 경쟁력 200% 높이는 법

모두가 새로운 일을 시작할 때, 걱정과 두려움이 함께 있다. 필요할 때마다 조언해줄 수 있는 사람이 있다면 좋겠지만 늘 그럴 수 있는 것은 아니다. 그렇지만 필요한 부분을 바로 습득하고 자신이 나아갈 방향을 잡는 데 많은 도움을 얻을 방법이 있다. 바로 '이미 그 길을 가고 있고 많은 시행착오를 겪으면서 노하우를 얻은 사람을 벤치마킹하는 것'이다. 그들을 통해 자신만의 길을 빠르게 만들어낼 수 있다.

판매할 아이템과 타깃 고객, 콘셉트를 정했다면, 벤치마킹을 위한 대상자를 찾아야 한다. 가장 쉬운 방법은 검색 포털 사이트에서 판매하고자 하는 아이템을 키워드로 검색하는 것이다. 예를 들어 '여성 신발'이라는 키워드로 벤치마킹할 대상자를 찾는다고 하자. 검색 포털 사이트에서 키워드로 검색을 하면 파워 링크가 뜨는데, 전체를 확인하면서 오랫동안 광고를 하는 사이트를 살펴본다. 또는 키워드 관련 사이트 검색으로 나열되는 신발 사이트를 살펴보는 방법이 있다.

그 외에도 랭키닷컴www.rankey.com에서 대상자를 찾을 수 있다. 사이트에서 '순위 정보'를 클릭한 뒤 '패션잡화'를 클릭하고 들어가 여성화 전문점 순위를 확인해보고 선택한다. 단, 랭키닷컴은 전체 순위 중 무료로는 일부만 확인할 수 있다는 단점이 있다.

자신과 유사한 아이템을 판매하고 있는 사이트를 많이 볼수록 도움이 된다. 처음에 최대한 많은 사이트를 살펴보고 그중 가장 우수한 몇 군데를 선정해서 집중적인 분석에 들어가야 한다. 어떤 콘셉트로 어필을 하고 있는지, 타깃 고객층은 어떻게 되는지 알아본다.

핵심 키워드를 수집하는 것도 필요하다. 사이트의 전체적인 레이아웃 구조와 디자인, 사이트 느낌, 메인 페이지와 상세 페이지의 특징, 어떤 색상을 주로 사용했는지 등을 살펴본다. 광고는 어떻게 진행되는지, 어떤 홍보 채널을 보유하는지 고객을 위해 어떤 이벤트를 진행하는지를 살펴보면 좋다. 그리고 조사한 자료는 반드시 기록으로 남겨두어야 한다.

경쟁자를 통해 자신의 강점과 약점을 파악해야 한다. 단 그들을 이기는 것이 목표가 되어서는 안 된다. 다른 사람에게서 배우고 자신만의 경쟁력을 만들어가는 데 집중해야 한다. 경쟁자가 잘된다고 자기 일이 실패하고, 경쟁자가 망한다고 해서 성공하는 공식이 아니다. 같은 길을 먼저 간 사람을 통해 빠르게 배우고 시행착오를 줄이기 위해서다. 그리고 나에게 필요한 것이 무엇인지, 부족한 부분과 강점이 무엇인지 알기 위해서 분석한다.

자신의 강점을 찾아내고 차별화할 수 있는 부분에 집중해서 전략을 세워야 한다. 강점을 발휘할 수 있는 부분에서 기회를 찾아내는 눈이 필요하다. 경쟁자와 비교하고 따라가는 마음으로는 자신만의 독창성을 찾아낼 수 없다. 무조건 따라 하려는 생각보다는 자신의 방향성을 확립하는 데 중점을 두자.

'자신을 잘 알기 위해서는 사랑을 하라'는 말이 있다. 그 누구도 혼자서는 자신이 어떤 사람인지 알지 못한다. 자신과 다른 사람과의 관계를 통해 자신이 어떤 생각을 하는 사람인지, 어떤 상황에서 어떤 행동을 하는 사람인지 잘 알게 된다. 한 개인도 경쟁자를 분석하면서 자신이 어떤 사람인지 파악할 수 있다.

쇼핑몰 창업 컨설팅을 하다 보면 생각지도 못했던 질문을 받는다. 본인이 쇼핑 경험은 다양하게 있지만 같은 일을 먼저 시작한 업체에 대한 벤치마킹은 열심히 하지 않는 경우가 대부분이다. 실은 받게 되는 질문 중 대부분은 벤치마킹하면서 충분히 답을 얻을 수 있다. 더불어 그저 '경쟁업체가 판매하고 있는 상품을 나도 판다면 수익을 올릴 수 있지 않을까?' 하고 생각하는 이들이 많다. 가격이 비싸도 판매가 될지 궁금하면, 가격이 높지만 판매를 잘하고 있는 사이트를 분석해본다. 비싸다고 해서 안 팔리는 것은 아니라고 알게 된다.

벤치마킹의 다른 장점은 타 업체를 분석하면서 생각지 못했던 아이디어를 얻을 수 있다는 점이다. 가만히 앉아 혼자 생각만 많이 한다고 해서 좋은 아이디어가 저절로 생겨나는 것이 아니다. 관련된 자료를 많이 보고 분석하면서 자기 생각과 경험을 융합해 자신만의 차별화된 무언가를 만들어 낼 수 있기 때문이다.

창업하고 판매를 시작해야 고객에 대해 더 잘 알게 되지만 이미 같은 길을 가고 있는 사람들을 만나며 고객을 먼저 이해할 수 있다. 트렌드를 빠르게 파악할 수 있고 그들이 판매하고 있는 상품에 대한 반응을 보고 자신이 판매하고자 하는 아이템을 테스트해 본다.

타 업체의 고객이 되어보면 어떤 부분이 불편하거나 좋은지 쉽게 알수 있다. 필자 역시 처음에 필자와 콘셉트가 비슷한 업체의 상품을 여러번 구매해보면서 어떻게 고객을 응대하는지 분석해보았다. 아무리 잘나가는 마켓이라도 장점과 동시에 단점이 있다는 것을 알게 되었고 그런 부분을 보완할 수 있다면 좋겠다는 결론을 얻었다.

처음 마켓을 시작하는 사람에게도 남이 따라올 수 없는 장점이 분명히 존재한다. 다른 사람들보다 소통을 잘한다든지, 손글씨를 잘 쓴다든지 하는 사소한 장점이라도 분명히 도움이 된다. 당신은 남이 가진 작은 장점은 크게 보고 자신의 작은 단점은 크게 부각하는 경향이 있다. 창업을 시작하는 사람에게 자신감은 생명이다. 물론 배움이 연결되지 않는 자신감은 무의미하다.

필자 역시 책을 쓸때 나와 비슷한 콘셉트의 책을 모두 분석해본다. 모든 독자를 만족시킬 수 있는 책은 세상에 존재하지 않는다. 그리고 아무런 도움도 되지 않는 책 또한 없었다. 단 메시지 하나라도 전해주는 것이 있다면 적어도 나에게는 좋은 책이라 여긴다. 수십 권의 책을 읽으면서 이 책의 장점과 단점을 분석해본다. 기존에 나와 있는 책을 통해 지금까지와는 다른 나만의 책을 쓰기 위해 노력한다. 책을 쓰는 것도 사업을 하는 것도 경쟁자를 분석하지 않고서 그들을 넘어설 수는 없다.

경쟁자를 같은 업종, 비슷한 상품을 판매하는 사람들에게 한정 지을 수는 없다. 티파니의 CEO 알레산드로 볼리올로Alessandro Bogliolo는 한 언론과의 인터뷰에서 티파니의 경쟁자는 누구냐는 질문에 이런 말을 했다.

티파니 고객이 경험하는 모든 브랜드가 우리 경쟁 브랜드다. 단적인 예로 삼성전자 매장이나 어느 호텔에 방문해 고객이 환상적인 경험을 했다면 그들이 우리 경쟁사다.

그의 말처럼 당신이 협소하게 경쟁자를 한정 지어서는 안 되며 자신과 비슷한 가치를 전달하는 수많은 사람에게서 벤치마킹하고 배울 것은 배우는 자세가 필요하다.

자신만의 브랜드를 만들어가기 위해서 가장 중요한 것은 신뢰와 차별화이다. 대형 쇼핑몰에서 넘쳐나는 수많은 상품, 끝도 없는 가격 경쟁에서 살아남을 방법은 바로 이 2가지를 만들고 지켜내는 것이다. 바쁘다고 자신이 하는 일 안에 사고가 갇혀서는 안 된다. 경쟁자를 통해 부족한 부분을 채우고 더 나은 방법에 대해 고민하는 것을 놓지 않는다면 언젠가는 그들보다 앞서서 고객의 욕구를 끌어내는 마켓으로 성장하리라.

시장 조사: 머리가 아닌 발로, 철저하게 현장에서 배우는 법

S는 회사에 다니면서 쇼핑몰 창업을 준비하고 있었다. 어느 날, 필자에게 조언을 구하기 위해 연락을 해왔다. 그녀는 옷을 판매하고 싶어 했는데, 일상복이 아니라 '특정 장소에서만 입을 수 있는 옷'이라 시장 조사가 더욱 필요한 아이템이었다. 충분한 시장 조사 없이 제작부터 하고 싶다고 했다. 회사에 다니면서 얼른 그만두고 싶다는 욕심에 마음이 급해 보였다.

그녀에게 시장 조사를 통해 자신이 제작하려고 하는 상품이 어느 정도 경쟁력이 있는지 먼저 알아보라고 조언을 해주었다. 옷을 판매하기 위해 수많은 도매처를 찾아다니다 보면 쉽게 생각했던 옷을 만들어내기까지 얼마나 많은 사람의 노고가 들어갔는지 새삼 깨닫게 된다. 적정한 단가로 옷을 지어 수많은 소매상인에게 공급하기 위해 도매처가 밤낮으로 고민하고 다니는 노력을 안다면 깊은 고민 없이 시작하지는 못할 것이다.

'옷을 제작한다'는 것은 생각보다 쉽지 않으며, 제대로 된 고객 확보와 준비 없이 시작한다는 것은 무모한 선택이다. 최소 몇 년은 도매 옷을 판매해보고 자본이 여유 있고 자신감이 생겼을 때 제작해도 사실 늦지 않다. 섣부른 의욕만으로 초기 창업 자금을 허무하게 소진해서는 안 된다. 생각처럼 성과가 없을 때, 재고만 떠안게 된다는 사실을 잊지 말자. 자체 제작은 고수만이 소화해낼 수 있다.

시장 조사를 하고 판매 아이템을 선정하다 보면 직감만으로 상품을 선택하는 것이 얼마나 위험한 일인가 하는 생각이 든다. 보자마자 마음에 쏙 드는 상품을 찾아 속으로 쾌재를 부르다가도, 더 많은 조사를 하다 보면 잘못된 판단이었음을 금방 깨닫게 되기 때문이다. '아는 만큼 보인다'는 말은 결코 틀리지 않는다.

수많은 도매 처에서 판매하는 상품을 몇 번의 시장 조사로 판단할 수 있을 만큼 자신의 안목이 대단하리라 생각하면 오산이다. 얼마 전, 필자가 컨설팅을 의뢰했던 한 분을 만나 그분이 아이템을 정하고 시장 조사를 하고 판매까지 한 경험을 직접 들었다. 그녀는 수많은 도매 건물 중 단 두 곳만 알아봤고 그중에서 마음에 드는 상품을 사입해서 아주 흐뭇했다고 한다. 그런데 블로그에 상품을 올린 후, 고객의 반응을 보고 그

제서야 자신의 게으름을 인정할 수 있었다고 했다.

직감적으로 마음에 드는 아이템을 발견하고 나서는 자신의 판단이 틀리지 않았음을 증명하기 위해서라도 부지런히 시장 조사를 해야 한다. 그런 다음에도 같은 마음이라면 판매한다.

트렌드의 변화에 따라 고객의 성향이 바뀌기 때문에 항상 시장의 변화에 관심을 두고 모니터링해야 한다. 자신이 판매하고자 하는 아이템과 비슷한 상품이 시장에서 얼마에 거래가 되고 있는지 철저하게 조사한다. 늘 고객 중심으로 생각하고 분석할 필요가 있다. 이때, 특허 상품, 아이디어 개발 상품, 희소성이 높은 상품군은 예외이다. 시장 조사를 하다 보면 생각지도 않았던 아이템인데 높은 가치를 보고 찾아내는 예도 있다.

고객의 니즈와 트렌드를 알아보기 위해서 반드시 도매 시장을 조사할 필요는 없다. 소매상품을 판매하는 쇼핑몰 등을 방문해서 충분히 고객의 반응을 알아볼 수 있다. 도매처에서는 상품을 판매하는 상인을 통해 파악할 수 있지만, 매장에서 소비자의 반응을 직접 파악하는 것도 도움이 많이 된다.

제대로 된 시장 조사 없이 마켓을 시작해서 부진한 운영을 하고 있다면, 다시 시장 조사를 시작해보라. 당신이 알고 있었던 시장 조사는 그냥 쇼핑하는 수준과 별반 다르지 않을 확률이 높다. 상품을 보는 안목이 남다르다고 자부하더라도 막대한 노동이 투입되어야 한다. 그리고 철저한 시장 조사를 통해 분석하는 노력 없이는 좋은 결과를 얻기 힘들다. 창업 컨설팅을 통해 적어도 몇 달은 발로 뛰며 시장 조사를 해야 한다고 말을 하지만 그대로 실천하는 사람은 많지 않았다. 그만큼 수박 겉핥기식으로 한 번씩 둘러보고는 사업을 해버리는 사람이 많다.

얼마 전 연락 왔던 P는 아이 옷을 판매한 지 1년이 다 되어간다고 한다. 그녀는 처음부터 제대로 된 준비 없이 쇼핑몰 사이트만 만들어 창업 자금을 네이버 광고에 모두 투입했다고 한다. 광고하면 할수록 매출이 오르기는 했지만, 광고하지 않으면 아예 매출이 없어서 어찌해야 할지 모르겠다는 것이었다. 처음부터 고객이나 시장에 대한 조사를 제대로 하지 않고 시작했기 때문에 광고에만 의존하고 그 늪에서 헤어 나오지 못하는 것이다. 이제서야 무엇이 잘못되었는지 깨달았다고 한다. 창업한 지 1년이 지났지만, 다시 처음부터 시작한다는 마음으로 준비하겠다는 말을 했다.

광고가 무조건 나쁘다는 것은 아니다. 광고도 제대로 할 줄 아는 사람은 많은 투자를 하기보다 제대로 된 키워드를 뽑아내어 적은 금액으로도 효율적으로 광고할 수 있는 노하우를 터득하기 위해 지속적인 노력을 한다. 무조건 큰 금액으로 광고하면 그 이상을 뽑아낼 수 있다는 마인드로는 그 어떤 광고도 효과를 내기 힘들다.

운영 초기에는 '매일 출근한다'는 자세로 동대문을 돌아다녔다. 그런 노력으로 초기에 좋은 거래처를 많이 만들 수 있었고, 거래처의 도움으로 꼭 알아야 할 정보도 많이 얻었다. 거래처가 다른 거래처를 소개해

주기도 했고 가격 측정에 대한 노하우도 알려주었다. 결국에는 사람을 만나는 일이기 때문에 일로 만나는 모든 사람을 진심으로 대하고 겸손한 태도로 배우려는 자세를 유지해야 한다.

판매 초기에는 마음에 드는 옷을 사입하여 집으로 가져와 코디를 해보면 서로 맞지 않는 상황이 많았다. 전체적인 그림을 그리지 않고 상품을 사입했기 때문에 같이 입어서 어울리지 않았다. 시간이 지나면서 머릿속으로 서로 잘 어울리는지, 코디가 잘 맞는지 생각하면서 사입하게 되었다. 처음에 물건을 사입하는 경우, 이런 부분에 주의해야 한다.

도매처에 교환이나 반품하는 문제도 마찬가지다. 대부분 흰색, 아이보리 색상 옷은 교환이 안 되는 일이 많아 처음에 사입할 때부터 이상이 없는지 잘 확인해야 한다. 실크나 캐시미어도 민감한 소재이기 때문에 주의해야 한다. 반품은 반품 금액의 3배를 나누어 사입해야 하는 경우가 대부분이라 신중하게 반품해야 한다. 지속해서 거래할 곳이 아니라면 반품은 자제하는 것이 좋다.

좋은 거래처를 많이 만들고 만족스러운 거래를 이어갈 때, 예외적으로 배려를 해주는 부분이 있으니 처음에는 신뢰를 쌓아가는 노력이 필요하다. 사람이 하는 일이기 때문에 좋은 관계를 우선 형성해 놓으면 위기의 순간에 도움을 받을 수도 있다. 나에게 쌀쌀맞던 거래처 사장님이 어느 순간, 따뜻하게 대한다면 신뢰 관계가 형성되었다고 볼 수 있다. 다른 세상 사람이 아닌, 나와 같은 일을 하는 사람이라는 생각으로 늘 진정성 있게 대해야 한다. 상대방에게 준 마음은 결국 자신에게 돌아온다는 것을 잊지 말자.

특히 직장에 다니며 어느 정도 여유를 두고 창업을 준비한다면 사계절 동안 시장을 분석할 필요가 있다. 도매 시장에는 흐름이 있다. 어느 시기에 매출이 오르는지, 언제 매출이 하락하는지, 도매 시장은 어떻게 대처하는지 등을 유심히 살펴보면 판매를 시작할 때 더 큰 자신감을 가질 수 있다.

인터넷으로 서울 동대문 시장에 대한 검색을 해보면, '어떤 건물은 가격이 비싸고 어떤 곳은 가격이 싸다'는 식으로 나누어 정보를 올린 글이 많다. 사실 동대문 시장을 돌아다니다 보면, 비싼 상품이 많은 건물이어도 저가이지만 품질 좋은 거래처도 많고 저가 상품이 많은 건물이지만 비싸면서 품질이 좋은 곳도 많다. 한마디로 가격 수준을 하나로 정의하기 힘들다. 발품을 팔면 팔수록 그전에 필자가 가지고 있던 시장에 관한 지식이 맞지 않는다는 것을 확인할 수 있었다. 이런 점을 참고해서 자신과 맞는 상가를 먼저 조사하되, 다른 건물을 아예 배제해서는 안 된다.

간혹 물건을 사입하러 갔다가 세일 상품을 대량으로 구매해오는 사람이 있다. 도매 시장에서 세일 상품으로 판매할 때는 상품이 경쟁력이 없거나 판매가 거의 끝나가는 상품이거나 하자가 있을 수 있다. 이런 상품을 사입하지 않도록 주의한다. 어느 정도 정상가로 판매하려면 세일 상품의 유혹에 넘어가서는 안 된다.

건물 하나에 너무 많은 도매처가 밀집해 있다 보니 입구에서 가까운 몇 군데만 돌아보고 파악했다고 생각하는 사람도 있다. 입구에서 먼 쪽에 있는 곳까지 돌아봐야 건물 전체를 알아봤다고 할 수 있다. 유동인구가 많은 입구 쪽이 가격이 높을 확률이 있으므로 골고루 살펴보아야 한다.

동대문에 있는 시장에서 조사할 때는 시장이 한가할 때 집중적으로 하면서 자신이 판매하고자 하는 아이템이 많은 곳을 기록해둔다. 행인이 적은 시간대에 도매 상인에게 모르는 것을 물어볼 수 있고 필요한 것을 배울 기회가 생긴다. 실제로 상품을 사입할 때는 시장이 가장 바쁜 시간에 하는 것이 현명하다. 장사하는 사람에게 인기 있는 매장은 어디인지 파악할 수 있고 주문량이 많은 매장을 쉽게 알아볼 수 있기 때문이다. 그리고 신상품이 나오는 날에 가장 바쁘고 유동인구가 많다. 인기 있는 신상품은 늘 발 빠른 사장들이 먼저 가져가기 때문이다.

참고로 동대문 의류 도매 상가의 신상품은 대부분 월요일 밤에 출시된다. 월요일 밤에 물건을 구매하는 상인들이 가장 많고 시장이 복잡하다. 도매 시장의 분위기를 제대로 알아보려면 월요일 밤에 시장에 나가보길 바란다. 여유 있게 둘러보려면 월요일을 피하는 것이 편할 것이다. 물론 월요일이 아닌 다른 요일에 신상품을 출시하는 매장도 있다.

얼핏 보기에 같은 상품으로 보이는 디자인이 다른 건물, 다른 매장에서 확연하게 차이가 나는 가격으로 판매되는 이유는, 생산지가 다르고 원단과 재봉 상태 등이 다르기 때문이다. 디자인만 보고 제품의 디테일을 살펴보지 않고서는 '여기가 비싸다, 싸다'라고 단정 지을 수 없다. 초기 시장 조사를 잘못해서 정말 좋은 매장을 놓치는 우를 범해서는 안 된다. 처음부터 꼼꼼하게 시장 조사를 해야겠다는 마음을 먹어야 한다. 언제나 몸이 편한 쪽이 선택하기는 쉬울지 몰라도 그만큼 배울 것은 줄어든다는 것을 알았으면 한다. 오늘의 거래처가 영원할 거라는 생각은 금물이다. 하나하나 몸소 겪으면서 자신만의 살아있는 노하우를 만들어가려 노력해보자.

워밍업: 창업 전 판매 경험으로 실패에 대한 리스크를 줄이는 법

살아가면서 경험보다 더 값진 것은 없다. 어떤 경험이든 도움이 된다. 성공한 경험은 자신감을 주고 실패한 경험은 더 잘할 기회를 준다. 창업을 시작하기 전에 판매 경험을 쌓는 것이 필요하다. 요즘은 중고 상품 거래도 활발히 이루어지기 때문에 꼭 새 상품이 아니더라도 판매 경험을 쉽게 해볼 수 있다.

〈중고나라〉, 〈옥션 중고장터〉 등에서 상품을 판매해보는 것이 좋다. 자신이 현재 사용하지 않는 상품을 처분할 수 있고 판매까지의 과정을 경험하면서 생각보다 많은 것을 배운다. 상품 사진 찍기, 고객 응대 등을 경험할 수 있고, 고객이 궁금해하는 부분이 무엇인지 미리 체험해볼 수 있다. 작은 경험을 통해 자신이 부족한 부분을 미리 파악할 수 있을 것이다. 중고 상품을 먼저 판매해 본다면 새로운 상품을 구매하고 재고를 남기는 위험부담을 덜면서 판매 경험을 쌓을 수 있다. 고객을 만나는 즐거움과 자기 힘으로 수입을 만들어가는 보람도 느끼게 된다.

옷을 판매하고 싶다면 아는 옷가게에 부탁해서 잠시라도 아르바이트를 해보자. 필요한 부분을 배울 수 있다면 좋을 것이다. 모르는 곳이라면 단기간 일해서는 중요한 부분을 알려주지도 않을뿐더러 시간만 버리는 결과를 낳을 수도 있다. 경험하더라도 자신의 상황에 맞게 그리고 어떤 부분을 배울 수 있는지 충분히 알아보고 결정해야 한다.

필자가 예전에 〈중고나라〉와 카페 회원끼리 상품을 사고파는 곳에서 판매 경험을 미리 해보았다. 중고 상품이지만 판매하기까지 그 과정이 그리 간단하지 않았다. 물건을 사고자 하는 사람은 늘 까다로웠고 배송으로 받기를 꺼리는 사람에게 직접 만나서 물건을 전달하기도 했다. 그런 사소한 경험으로 판매를 위해서 어떤 부분에 신경을 써야 하는지, 고객을 어떻게 응대해야 하는지 알 수 있었다.

실제로 마켓을 시작하기 전에 워밍업을 하는 이유는 판매 경험을 쌓으면서 고객과 소통해 보고 고객을 더 잘 이해하기 위해서다. 거기에 보태어 중요한 것이 있다. 재고 관리를 미리 생각해볼 수 있다는 점이다. 중고 상품을 판매하기 위해 사진을 찍고 여기저기 올려보면 알 것이다. 자신이 생각하는 것보다 판매가 쉽지 않다는 것을 말이다. 살 때는 비싼 가격으로 샀기 때문에 정말 싼 가격에 올리더라도 생각보다 고객의 반응은 쉽게 오지 않는다. 그런 경험으로 실전에서의 재고 관리에 대한 부분을 좀 더 신중하게 판단할 힘이 생긴다.

쇼핑몰을 시작하고 잘나가던 곳이 어느 날 그만두는 상황이라면 다양한 이유가 있겠지만 특히 악성 재고 때문인 경우가 많다. 1~2년 쌓인 재고는 공간을 차지하며 판매자에게 독이 된다. 자신이 판단했을 때, 정말 대박 상품이라는 생각이 들어서 있는 자본금을 다 끌어다가 사입했다가 그 재고를 떠안고 골칫거리가 되는 일이 허다하다. 쇼핑몰 창업을 시작하는 사람이 의외로 잘 팔릴 거라는 자신감으로 필요 이상으로 많은 양을 사입해 놓고 쌓아두는 경향이 있다. 시간이 지나면 팔고 싶어도 물건이 없어서 팔지 못한다는 도매상의 말에 휘둘리는 경우가 있기 때문이다. 언제나 선택을 할 때는 앞을 내다보고 신중하게 해야 한다.

창업을 시작해서 재고가 위험 수위까지는 아니라면 기부를 하는 것도 좋은 방법이다. 필자는 복지기관으로부터 후원 요청을 받아 남아있던 재고를 보냈다. 수량이 많지는 않아서 큰 부담은 없었고 바자회에서 상품을 팔아서 소외 계층을 도울 수 있다는 큰 보람을 느꼈다.

이렇듯 창업을 시작하기 전에 생각할 부분은 1~2가지가 아니다. 실제로 부딪히지 않으면 절대 생각하지 않을 것이 많다. 다양한 경험을 통해 실제로 운영할 때와 같은 과정을 밟아가며 미리 배운다고 생각하는 것이 좋다. 중고 상품이지만 목표 판매량을 정하고 목표 금액을 설정하고 목표에 따른 결과를 분석해서 그 원인을 파악하는 노력을 기울인다면 다음에 많은 도움이 될 것이다.

L양은 옷을 좋아해서 온라인 마켓을 하는 것이 꿈이었다. 직장을 다니다 그만두고 옷가게에서 직원으로 일했다. 물건이 들어오고 주문을 받고, 상품을 디스플레이하는 방법 등 두루 배우며 창업에 대한 자신감을 높였다. 막상 옷가게에서 일하다 보니 자기도 가게를 열고 싶다는 욕심이 생겼다. 온라인 창업을 목표로 하고 미리 체험하기 위해 취직을 해서 배웠는데 목표가 오프라인 옷 판매장을 여는 것으로 바뀌었다.

그녀는 무리하게 자금을 그러모아 가게를 열었고 생각보다 매출이 생기지 않아 온라인 창업과 병행해야겠다고 결심했다. 지금은 온라인으로 상품을 잘 팔기 위해 어떻게 할 것인지 연구하고 있다.

창업을 시작하면서 지나친 욕심은 금물이다. 생각대로 다 된다면 창업을 시작하고 빠르게 그만두는 사람이 늘어날 리 만무하다. 순간적인 열정과 자신감은 오히려 독이 된다. 작게 시작해서 서서히 확장해나가는 방법을 취해야 한다.

직원이 되어 가게를 운영하는 것과 사장이 되어 주도적으로 가게를 이끌어가는 것은 다르다. 직원일 때, 보이지 않던 것이 사장이 되면 보이기 때문이다. 남을 위해 일을 하는 것과 자기 일을 하는 것은 이렇게 보기와는 다르다. 직장 생활만 해 온 사람이 창업을 시작할 때 놓치는 부분이 많다. 직장에서는 노력한 만큼 성과를 얻을 수 있을지 몰라도 그만큼의 책임감을 느끼기는 쉽지 않다. 업무 실패로 인한 리스크가 창업만큼 위험하지도 않을 것이다. 직장에 다니면서 창업을 시작한다면 더욱 미리 준비하는 시간이 필요하고 스스로 체험의 기회를 가질 수 있도록 노력해야 한다.

K는 온라인 마켓을 준비하면서 혼자 시장 조사하러 다니다 마음에 드는 상품을 바로바로 사입해서 지인에게 판매했다고 한다. 옷을 입는 감각이 남달라 그녀가 입은 옷을 사고 싶다는 사람이 늘어났기 때문이다. 자신이 사입한 옷을 선택받는 기분이 너무 좋아서 계속 상품을 사입하고 판매하기를 반복했다고 한다. 그런데 어느 순간 재미가 없어졌다고 했다. 이유를 물어보니 마진을 거의 붙이지 않아서 자신에게 들어오는 수입은 거의 없었기 때문이었다.

창업의 목적은 수익을 창출하는 것이다. 그리고 고객의 만족을 끌어내는 것은 무엇보다 중요하다. 그렇지만 수입을 가져다주지 못하는 일은 오래갈 수 없다. 마켓을 시작하려는 목적이 스스로 경제적 자립을 위한 것이지, 사람들에게 봉사활동을 하기 위한 목적은 아닐 것이다. 목적에서 벗어나는 일이 주는 기쁨은 오래가지 않는다. 자신의 노동에 대한 정당한 가치를 인정하지 않고서 일에 보람을 느낄 수 없다.

필자 역시 창업을 통해 얼마나 소중한 사람인지 깨달았고, 좋아하는 일을 하면서 삶이 주는 의미를 알게 되었다. 배움을 이어가는 인생이 얼마나 가치 있는지, 사람을 얻는다는 것이 무엇을 의미하는 것인지 모든 것을 창업을 통해 알게 되었다. 이보다 더 좋은 경험이 있을까? 어쩌면 창업이라는 것은 자신을 알아가는 과정이라는 생각이 든다. 스스로 결정해서 일해나가면서 자신이 어떤 사람인지 알 수 있으며 숨겨져 있던 잠재력을 발견해 나갈 수 있다. 끊임없이 배우고 성장하기 위해서 창업의 경험은 꼭 필요하지 않을까?

네이밍: 확장 가능성을 기본으로 비전을 담는 법

요즘은 이름이 마음에 들지 않아 바꾸는 사람이 꽤 많다. 꼭 바꾸지 않더라도 아는 사람끼리 따로 부르는 이름을 사용하는 사람도 종종 보인다. 사람은 이름으로 그 사람을 기억한다. 누군가 당신의 이름을 불러주면 행복하다. 필자의 이름은 흔해서 독특하고 개성 있는 이름을 가진 사람을 보면 "이름이 정말 멋지네요!"라는 말로 부러움을 표현한다.

창업하는 사람에게 이름은 더욱 중요하다. 사업자등록증에 기재되어 있는 상호를 보고 있으면 큰 책임감이 느껴진다. 이름은 곧 브랜드다. 좋은 브랜드를 만들기 위해 계속 노력해야겠다는 다짐을 하게 된다. 불리고 싶고, 부르기 쉬운 이름, 기억 속에 오래

남길 이름이 필요하다. 이름을 지으면 책임감을 느끼고 이름값을 하기 위해 노력해야 한다.

많은 방송사가 프로그램을 만들 때, 비싼 돈을 들여서 스타를 섭외하는 까닭은 그들이 이름값을 제대로 하기 때문이다. 스타의 이름값이 무조건 성공을 보장하지는 않겠지만 성공할 확률을 높여주는 것만은 분명하다. 드라마에 캐스팅되는 인기 배우의 몸값은 어마어마하다. 그만큼 많은 광고가 붙고 돈이 흐르게 하며 그로 인한 확산력이 좋기 때문이다. 사람은 자신이 좋아하는 배우가 나오면 일단 믿고 본다. 소비자가 브랜드를 신뢰해서 상품을 사듯이 사람도 마찬가지다.

회사명은 자신의 모든 것을 말해주는 것과 같다. 자신이 판매하는 상품, 콘셉트, 이미지 등 포괄적인 의미를 담는다. 사업을 이어가는 동안 내내 함께해야 하므로 처음에 신중하게 잘 지어야 한다. 고객이 이름에 어떤 느낌을 받을지를 생각하지 않고 자신의 개인적 취향만을 생각하고 짓는다면 고객에게 기억되기 힘들다. 회사명은 고객이 불러주는 이름이기 때문이다.

잘 아는 쇼핑몰의 이름을 생각할 때, 단순히 판매하는 상품을 떠올리게 하는 이름이 있고 콘셉트가 드러나는 이름이 있다. 이름을 지을 때는 하나만 생각해서는 안 된다. 고객이 쉽게 기억할 수 있는 이름이면서도 추구하는 스타일을 담을 수 있다면 좋다. 하지만 차별화된 이름을 짓는다는 것은 생각보다 어렵다.

회사명을 정할 때는 다양한 관점에서 조사하며 떠오르는 단어를 기록한다. 그런 다음에 선별하고 엄선해야 한다. 자신이 판매하는 상품군, 콘셉트, 트렌드, 추구하는 비전을 생각해서 떠오르는 단어를 적어본다. 기존에 잘 지어진 업체 이름을 수집해서 힌트를 얻는 것도 좋다. 단기간에 지으려는 욕심보다는 시간을 두고 후보 단어를 많이 만들어놓고 고민하는 것이 현명하다. 발음이 자연스러운지, 부르기가 쉬운지, 상품에 대한 특징을 알 수 있는 단어인지 나름의 의미를 지니고 있어야 한다. 잘 지은 이름은 마켓이 성장하면서 더욱 빛을 발할 것이다.

자신이 판매하고자 하는 상품과 콘셉트를 고려해서 기존에 있는 이름과 겹치지 않도록 지어야 한다. 너무 긴 이름 역시 피해야 하며 의미를 알 수 없는 영어단어의 조합도 좋지 않다. 자신의 마켓이 추구하는 라이프 스타일을 먼저 정의하고 그것을 담을 수 있는 이름을 지어야 한다. 후보 이름 목록을 만들어 상표 등록이 가능한지, 도메인이 존재하는지를 확인해야 한다. 법인의 명칭이나 상호, 제품 브랜드는 특허청을 통해 상표를 등록해야 타인이 무단으로 사용할 수 없다.

필자가 쇼핑몰을 오픈하기 전에 상표 등록 신청을 하려고 처음에 원했던 상호를 검색해보니, 지금 운영하고 있지 않지만 같은 이름으로 도메인을 사놓은 사람이 있어서 상표 등록을 하지 못했다. 그래서 오랜 고민 끝에 '허스타우먼'이라고 쇼핑몰 이름을 정했다. 도메인 이름도 발음 그대로 'hurstarwoman^{허스타우먼}'이다. 이름을 짓기까지 시간이 꽤 오래 걸렸다. 막상 정하려고 골라놓은 이름 몇 개를 알아보니 이미 비슷한 이름을 사용하는 사람이 있어서 사용할 수가 없었다.

처음에 마켓을 시작하는 사람은 이름을 정할 때 오래 고민하지 않는 경향이 있다. 나중에 마켓이 큰 쇼핑몰로 규모가 커질 것을 생각한다면 처음에 이름을 잘 지어야 한다. 그리고 같은 이름이 사용되지 않도록 상표 등록을 꼭 해두어야 한다. 이미 브랜딩이 된 후에 이름을 바꾸려고 한다면 정말 아까울 것이다. 다시 처음부터 시작해야 할 수도 있다는 것을 염두에 둔다.

자신이 원하는 이름을 지었다면, 가비아www.gabia.com, 후이즈www.whois. co.kr, 카페24www.cafe24.com, 메이크 숍www.ssandomain.com 등에서 도메인 사용 가능 여부를 확인하고 결정하는 것이 좋다. 물론 처음부터 온라인 쇼핑몰을 오픈할 것이 아니어서 '도메인이 왜 필요하냐'고 생각하는 사람도 있을 것이다. 그 이유는 도메인이 필요 없는 채널에서 마켓을 시작하더라도 도메인을 미리 확보해놓으면 나중에 온라인 쇼핑몰을 개업할 때, 크게 고민하지 않아도 되기 때문이다.

블로그 마켓을 시작할 때 이름에 맞는 도메인을 사면 주소를 쉽게 찾을 수 있다. 도메인을 살 때는 com과 co. kr을 가장 많이 사용하기 때문에 가능하다면 2가지를 모두 사놓는 것이 좋다. 쇼핑몰 브랜드를 지키기 위함이다. 작게 시작하더라도 당신의 마음은 늘 큰 비전을 향해야 한다는 것을 잊지 말자.

이미 규모가 커져 버린 쇼핑몰 중에서 처음에 이름을 신중하게 짓지 못해 후회하는 사람도 있고 중간에 상표권 문제로 이미 브랜딩이 된 이

름을 버리는 일도 허다하다. 이처럼 처음에 이름을 잘 짓고 법적인 안전
망까지 생각해야 한다.

　이름은 곧 당신이다. 지금 가지고 있는 이름이 마음에 들지 않아 오랜
세월 마음고생한 사람도 있을 것이다. 창업을 시작하면서 다시 태어난
다는 마음으로 마음에 드는 이름, 멋진 이름을 지어보자. 그다음은 이름
에 어울리는 사장이 되기 위해서 어떤 노력을 기울여야 할지 고민하자.
고객 한 사람 한 사람이 당신 회사의 이름을 불러줄 때, 더 잘하고 싶다
는 마음이 들 것이다.

사업 계획서:
진화하지 않는 계획은 실천할 수 없다

해마다 연초가 되면 1년을 계획하는 사람이 많다. 그러나 대부분은 작심삼일에 끝난다. 누군가에게 계획은 그저 계획했다는 것에 큰 만족을 주고 또 다른 이에게는 작년과 다른 삶을 살아가기 위한 치열한 노력의 시작점이다. 똑같은 환경에 처해도 각자 삶에 대해 다른 선택을 하며 살아간다.

주위에는 창업을 꿈꾸면서 매일 준비만 하는 사람이 꽤 있다. 어제도 오늘도 계획만 하고 행동하지 않는다. 더 많이 고민하며 하루하루를 보내지만, 아직도 부족하다는 느낌, 준비되지 않았다는 생각이 자신의 발목을 잡기 때문이다. 이런 사람에게 처음의 사업 계획서가 또다시 자신의 발목을 잡을 가능성이 있다.

자신이 하고자 하는 사업이 무엇인지 제대로 알고 시작하는 사람이 얼마나 될까? 사업 계획서를 작성하고 시작하는 사람은 또 얼마나 될까? 사업 계획서는 일을 시작하기 전에 명확한 그림을 그리는 일이다. 사업 계획서는 사업을 계획하는 것 이상의 의미가 담겨야 한다. 비전을 품고 그 의지와 열정을 담아내야 한다. 계획이라는 말을 거창한 포부가 아니라 사소한 일을 결정하고 그것을 하기 위해 무엇을 할지 고민하고 행동하는 모든 것으로 생각한다면 좀 더 가볍게 접근할 수 있다. 스스로 책임감을 부여하기 위한 작업이다.

남들보다 철저하다고 자부하는 사람은 아마도 사업 계획서를 멋있게 쓰기 위해 많은 시간과 공을 들일 것이다. 마치 누군가에게 합격점을 받아야 하는 테스트를 거치는 것처럼 말이다. 그렇지만 처음에 멋들어지게 계획서를 작성하는 것만이 답이 아니다. 막상 일을 하다 보면 수정해야 하는 부분이 분명히 생긴다. 따라서 무조건 사업 계획서에 작성한 대로 해야 한다는 생각보다는 상황에 맞는 유연성이 필요하다.

사업 계획서를 쓸 때는 가장 먼저, '본인이 왜 이 일을 하는지'에 대한 명확한 목표를 설정해야 한다. 자신이 선택한 아이템에 대해 시장분석을 하고 경쟁률이 있는지 판단해야 한다. 자신의 재무 상황은 어떠한지, 그 기준으로 어떤 방식으로 마케팅해야 할지 모든 것에 대해 계획을 수립하는 과정이다. 선택한 아이템의 장·단점은 무엇인지, 유사한 아이템을 철저하게 조사하고 가격 경쟁력과 가치 경쟁력에 대해 분석해야 한다.

목표를 이루기 위해서 단기적, 장기적 계획을 세우고 실천하기 위한 철저한 전략을 계획한다. 목표 수익을 발생시키기 위해 경쟁 업체와 어떤 차별점을 가져야 할지, 홍보를 위해서 어떠한 노력을 할 것인가에 대해서도 세부적으로 기록해야 한다. 블로그나 인스타그램, 페이스북 등을 어떻게 활용할지, 구체적인 전략을 세운다. 고객을 유입하고, 고객한테 판매하며 고객이 재구매할 때까지 잘 이루어지기 위해서, 매출이 떨어지지 않기 위해 어떤 노력이 필요한지도 고민해본다. 재고 관리, 이벤트, 포인트, 사은품 등 크고 작은 모든 부분을 계획서에 담아야 한다.

근거 없는 모호한 계획은 금물이다. 목표를 이루기 위해 어떤 전략을 펼칠 것인가에 대해 세부적인 계획을 세우고 행동해야 한다. 일을 해나가면서 수정할 부분은 수정하고 효율적이지 않은 전략은 계획을 바꾸어가며 유연성 있게 실천을 뒷받침해야 한다.

사실 창업을 준비하는 사람이 생각보다 많이 고민하지 않는 부분이 창업 자금이다. 무엇을 판매할지 생각을 많이 하지만 얼마의 자금으로 어떻게 계획을 하고 시작할지는 신중하지 못하다. 초기에 필요한 자금, 수익이 발생하기까지 버틸 수 있는 자금, 여유 자금까지 생각하고 시작하는 사람은 쉽게 무너지지 않는다. 그만큼 철저한 자금 계획을 하고 시작하느냐는 창업 초기 성패를 결정할 만큼 중요하다. 가진 돈이 많다고 해서 계획이 필요 없는 것이 아니다. 계획 없이 시작하면 자금의 많고 적음과 상관없이 빠르게 사업을 놓게 만든다는 사실을 명심해야 한다.

직장에 다니면서 창업을 준비하고 안정기가 되면 퇴사할 결심을 하는 것이 좋다. 그리고 자신이 가진 자금보다 타인이나 금융권에서 빌려서 사용하는 돈이 더 많아서는 안 된다. 최대한 자신이 가진 자금 안에서 계획하고 운영해가도록 해야 한다. 금융권에서 자금을 빌려야 한다면 회사에 다닐 때 미리 알아보고 준비하는 것이 좋다. 회사를 그만두면 그만큼 자금을 빌리는 것이 쉽지 않아 퇴사한 이후 자금 때문에 어려움을 겪는 경우가 많다. 은행은 안정된 수입이 있는 사람에게는 자금을 쉽게 빌려주지만 그렇지 않은 사람에게는 냉정한 곳이다. 회사를 그만두고 깨닫는다면 이미 늦었다. 회사에 다닐 때 준비할 수 있는 부분은 철저하게 알아보아야 한다.

　사실 창업 비용은 어떤 기준으로 시작하느냐에 따라서 천차만별이다. 그럴듯한 사무실을 임대해서 시작하려면 생각보다 비용이 많이 든다. 처음부터 장소, 비품 등을 좋은 것으로 갖추려는 욕심을 버려야 한다. 소소하게 들어가는 물품비가 버틸 수 있는 기간을 당긴다는 것을 안다면 사소한 것 하나도 허투루 써서는 안 되겠다는 생각이 들 것이다. 누구나 새로 시작하는 일을 더 좋은 환경에서 하고 싶어 한다. 투자를 많이 할수록 더 좋은 결과가 나올 거라는 착각 때문이다.

　수익을 발생시키기까지 시간이 많이 필요하므로 최대한 비용을 절약하는 방법을 선택해야 한다. 예를 들어, 사무실을 임대하기 전에 일단 집에서 시작한다. 카메라, 조명 기구, 컴퓨터 등 비품을 처음부터 새것으로 갖추기보다는 중고나 기존에 사용하던 것을 어느 정도 사용하는 자세가 필요하다. 무조건 새것, 좋은 것을 갖추고 시작할 필요가 없다. 수익이 발생하면 하나씩 제대로 갖추어 나가면 된다.

단, 사무실을 가지고 시작하려면 보증금이 저렴한 소호 사무실에서 시작하는 것이 좋다. 쇼핑몰 전용 소호 사무실은 가격이 저렴한 1인실 부터 2인, 다인실까지 다양하게 선택할 수 있다. 보증금이 보통 월 임대료 금액 정도이기 때문에 크게 부담이 없다. 소호 사무실의 장점은 배송 시스템을 갖추고 있어서 배송비가 저렴하다는 점이다. 또 비슷한 일을 하는 사람끼리 커뮤니티를 형성할 수 있어서 좋다. 자체적으로 촬영 스튜디오를 만들어놓은 곳도 있으니 시간을 두고 자세히 알아보는 것이 좋다.

요즘은 온라인 창업자를 위해 교육을 진행하는 곳도 많다. 상품 촬영을 위한 장소만 필요하다면 온라인 쇼핑몰 운영자를 위한 저렴한 촬영 스튜디오를 찾아서 활용해야 한다. 주로 마켓을 운영하는 사람이 주 이용 고객이라서 시간당 이용 금액이 비싸지 않다. 적은 금액으로 실용적으로 촬영할 수 있으므로 주거하는 곳에서 가까운 곳을 알아보고 이용하면 편리하다.

옷을 판매하려고 할 때 모델을 따로 섭외해서 상품 촬영을 하려고 하면 비용이 만만치가 않다. 외국 모델은 비용이 너무 많이 들고 국내 모델도 인지도가 있다면 꽤 많은 금액을 필요로 한다. 처음에는 되도록 본인이 모델이 되거나 아는 지인에게 부탁해서 하는 것이 좋다. 무조건 날씬하고 예뻐야 쇼핑몰 모델을 할 수 있는 것은 아니다. 콘셉트에 맞는 개성적인 모델이 오히려 반응이 좋을 수도 있다. 자신이 판매하고자 하는 상품과 어울리는 이미지를 가진 모델을 섭외하는 것이 중요하다.

이렇게 초기 비용을 줄일 방법을 총동원해서 시작한다면 많게는 몇 천 만 원까지도 절약할 수 있는 효과가 있다. 경쟁자를 따라 하기보다는 자신의 상황에 맞게 규모를 늘려나가는 감각이 필요하다. 온라인 창업이 초기 비용이 적게 든다고 하지만 스스로 조절하지 못한다면 걷잡을 수 없이 비용이 든다. 6개월에서 1년은 매출이 없는 상태에서도 유지할 수 있는 자금이 필요하다.

사업 계획서 안에는 사업의 목표, 아이템, 시장 조사, 운영 계획, 예산 계획, 사입 계획, 마케팅 계획 등에 관한 내용을 정리해서 담아야 한다. 제대로 고민하고 계획하고 실행하는 노력 없이 시작하려는 욕심은 근거 없는 자신감이라는 것을 알고 철저하게 준비하고 시작하자.

스왓SWOT 분석을 아는가? 이는 마켓 창업 시에도 적용해볼 수 있다. 스왓은 강점Strength, 약점Weakness, 기회Opportunity, 위협Threat을 말한다. 기업의 내부 환경을 분석해서 강점과 약점을 발견하고, 외부환경을 분석해 기회와 위협을 찾아낸다. 이를 바탕으로 강점은 살리고 약점은 죽이며 기회는 활용하고 위협을 극복하기 위한 마케팅 전략을 수립하는 것이다.

자신이 판매하는 아이템이 다른 아이템에 비해 어떤 강점이 있는지 살펴본다. 아이템을 사입하거나 제조하는 데 있어서 약점은 무엇인지 자신의 역량과 환경 차원에서, 고객의 처지에서 생각해볼 수 있다. 현재 사회 분위기와 소비 형태, 트렌드 등을 분석하여 어떤 기회를 잡을 수 있는지 파악한다. 외부의 위협적인 요소를 미리 생각해보며 대비할 수 있는 능력도 키워야 한다. 소비자의 욕구와 트렌드는 빠르게 변화하는 만큼 스왓 분석도 분기, 1년마다 실시하면서 사업 계획서에 반영하며 실행하고 수정하기를 반복해야 한다. 깊은 연구나 계획 없이 그 어떤 사업도 불가능하다는 마인드를 가질 필요가 있다.

자신이 하고자 하는 사업이 무엇인지 제대로 파악할 수 있어야 하고 고객을 이해하고 마케팅을 어떻게 할 것인가를 많이 공부하고 연구해야 한다. 무조건 열심히만 하면 성공할 거라는 안일한 생각으로는 어떤 일도 성공할 수 없다. 창업을 위한 계획을 세우는 것은 실패해도 상관없는 계획과는 차원이 다르다. 더 진지해야 하고 더 많은 각오가 필요하다. 영혼 없는 사업 계획서, 한 지점에 머물러있기만 하는 사업 계획서는 실천되지 않는다는 것을 기억하자.

사실 창업을 준비하는 사람이 생각보다 많은 고민을 하지 않는 부분이 창업 자금이다. 무엇을 판매할지 생각을 많이 하지만 얼마의 자금으로 어떻게 계획을 하고 시작할지는 신중하지 못하다. 초기에 필요한 자금, 수익이 발생하기까지 버틸 수 있는 자금, 여유 자금까지 생각하고 시작하는 사람은 쉽게 무너지지 않는다. 그만큼 철저한 자금계획을 하고 시작하느냐는 창업 초기 성패를 결정할 만큼 중요하다. 가진 돈이 많다고 해서 계획이 필요 없는 것이 아니다. 계획 없이 시작하면 자금의 많고 적음과 상관없이 빠르게 사업을 놓게 만든다는 사실을 명심해야 한다.

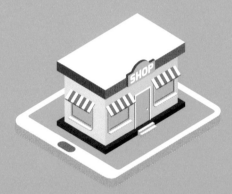

PART 3

온라인 마켓,
나에게 딱 맞는 곳은
어디일까?

판매를 시작하기에 앞서
가장 먼저 고려해야 할 것

마켓을 시작할 때는 자신의 상황과 여건을 잘 고려해서 무리하지 않는 선에서 한다. 경험이 쌓이면서 더 많은 부분을 해나갈 수 있으므로 처음부터 큰 욕심으로 일을 벌여서는 안 된다. 판매를 시작하기 전에는 반드시 사업자등록증과 통신판매업 신고부터 하는 자세가 필요하다. 스스로 책임감을 가질 것이기 때문이다.

지금은 온라인에서 상품을 사려는 대부분의 사람들은 네이버에서 검색을 많이 한다. 소비자를 만나려면 판매자 역시 네이버를 제대로 알아야 한다. 정책이 바뀔 때마다 어떤 부분이 달라졌는지, 당신의 사업에 어떤 영향을 줄지 알아야 한다. 블로그와 스마트스토어로 판매하는 경우, 네이버에 노출해야 하는 상황 모두 마찬가지다. 고객은 어떤 검색으로 당신이 판매하는 상품을 찾아올 수 있을지, 어떤 검색을 자주 하는지 등 당신의 판매 아이템과 연결해서 키워드 리스트를 작성해두는 노력도 필요하다.

비용을 들여서 광고하지 않더라도 네이버 검색 광고를 통해서 키워드 검색량을 조사해 볼 수 있다. 네이버 검색 광고 사이트에서 가입신청을 하고 오른쪽 위에 있는 '광고 시스템'을 클릭 후, 도구 카테고리 안에 있는 '키워드 도구'를 클릭하면 키워드 검색량을 확인할 수 있다. 여성 의류를 판매하는 사람이 니트 원피스의 검색량이 궁금해서 조회를 해보았다면 아래와 같이 결과가 나온다. 월간 검색 수가 데스크톱 컴퓨터[PC]와 모바일로 나뉘어 뜬다. 유료 광고에 활용되는 월평균 클릭 수와 월평균 클릭률도 함께 참고하면 된다. 광고 없이 월간 검색 수만 조회하기 위해서 네이버 검색 광고를 활용하는 사람이 많다.

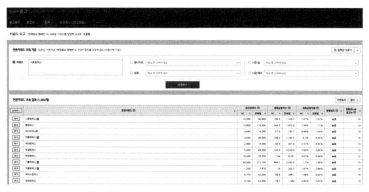

니트 원피스 키워드 검색 창 (출처 네이버 검색 광고 사이트)

월간 검색 수를 확인해보면 같은 키워드인데 PC와 모바일에서 검색량이 어떻게 다른지 차이를 알 수 있다. 키워드를 검색해서 나오는 연관 키워드를 통해 범위를 좁혀가면서 다양한 키워드를 추출해서 마케팅에 활용할 수 있다. 블로그에서 상품을 판매할 때도 이런 노력으로 키워드를 뽑아 포스팅하면 유입률을 늘릴 수 있다. 지금은 PC보다 모바일로 검색하는 사람이 늘어나고 구매도 모바일로 하는 사람이 많으므로 모바일 조회 수가 높은 키워드를 활용해야 한다.

자신이 판매하고 있는 상품군과 관련 있는 키워드의 리스트를 작성해서 보관하고 상품을 올릴 때마다 적절하게 활용하면 좋다. 자신이 사용하려고 하는 키워드인데 검색하는 사람이 거의 없다면 다른 키워드를 찾아내야 한다. 반면에 너무 많은 사람이 사용하고 있는 키워드라면 경쟁이 너무 치열해서 자신의 상품이 노출되기 힘들 수도 있다. 자동 완성어와 연관 검색어로 범위를 좁혀가면서 키워드를 검색하고 알짜배기 키워드를 많이 찾아내려는 노력이 필요하다. 경쟁업체는 어떤 키워드를 사용하고 있는지를 파악하는 것도 도움이 된다. 그들도 많은 연구 끝에 키워드를 추출했을 것이기 때문이다.

키워드를 검색할 때 고객이 반드시 해당 상품을 구매하기 위해서만 검색하는 것은 아니라는 점에 주의한다. 어떤 제품에 대한 정보를 알아보려고 검색하는 때도 있으므로 다양한 검색을 통해 최종적으로 구매하기 위한 검색 키워드인지도 구분할 수 있어야 한다. 검색은 많이 하지만 클릭률이 낮은 것은 그냥 정보만을 구하는 경우가 대부분이다.

네이버 검색 광고를 통해 실제로 광고를 시작하려는 사람이라면 더 치밀하게 키워드를 뽑아내는 노력을 해야 한다. PC 검색량과 모바일 검색량에 따라 고객의 직업이나 성향을 분석해볼 수 있다. PC 검색량이 많은 상황이라면 집이나 사무실에서 주로 보내는 사람일 확률이 높다. 네이버 광고를 활용할 때 검색량과 클릭 수가 높은 대표 키워드를 사용할 경우 광고비가 어마어마하게 들어간다. 자신에게 맞는 세부 키워드를 다양하게 수집해서 적은 비용으로 장기적인 계획을 세워 광고비를 집행한다면 비용 대비 높은 효과를 가져올 수도 있다. 무조건 경쟁이 심한 키워드로 돈을 쏟아부어서는 안 된다.

네이버에서 광고하기 위해 많은 업체가 대행업체를 찾아서 의뢰하고 있지만 알고 맡기는 것과 모르고 맡기는 것은 다르다. 업체에 맡기기 전에 자신이 공부해서 제대로 알고 남을 시켜야 한다. 우선 적은 비용으로 경쟁이 낮은 키워드를 선별해서 직접 광고를 해보고 얼마나 효과가 있는지 알아보는 것도 좋다. 단, 광고에만 의존하려고 해서는 안 되며 다양한 방법으로 고객을 유입시킬 수 있도록 끊임없이 공부하고 연구해야 한다.

지금 수많은 쇼핑몰이 치열한 광고 경쟁을 벌이고 있다. 그중에서 얼마나 많은 업체가 똑똑한 광고를 하고 있을까? 생각보다 적을 거라 생각된다. '광고를 집행하기 이전에 얼마나 노력을 했을까?'를 생각해보면, '해볼 만큼 다 해봤다'는 사람은 거의 없을 것이다. '결국, 광고가 답이다'라는 결론을 도출해내는 한 어떤 노력이나 어떤 전략도 의미가 없다.

끈기가 있는 태도로 블로그를 운영하고 SNS 채널을 운영하면서 자신의 팬층을 확보하고 자신을 세상에 알리려는 노력을 함께 기울여야 한다. 처음에는 블로그나 SNS 마켓을 통해 판매를 시작하라고 말하고 싶다. 고객의 반응을 보고 여력이 된다면 스마트스토어를 함께 운영하면 좋을 것이다. 오픈 마켓은 생각보다 쉽지 않은 구조이기 때문에 어느 정도 노하우를 습득하고 시작하는 것이 좋다. 광고 경쟁도 치열하다. 소셜 커머스 진입은 더 까다롭다. 자신의 역량을 검토하면서 단계를 밟아가길 바란다.

자신의 이름으로 온라인 쇼핑몰을 오픈하는 것은 그리 급한 일이 아니다. 다른 시스템을 통해 충분히 경험을 쌓고 시작해도 늦지 않다. 수많은 사람이 도전하지만, 대부분이 금방 포기하는 이유는 철저한 준비 없이 시작했기 때문이다. 자기 일을 해나가는 과정에서는 끊임없이 자신과의 싸움을 견뎌야 한다.

블로그 마켓, SNS 마켓, 스마트스토어, 오픈 마켓, 소셜 커머스, 온라인 쇼핑몰이 각각 어떤 특징과 차별점이 있는지 살펴볼 것이다. 자신이 가장 자신 있고 가장 쉽게 시작할 수 있는 곳에서 시작하길 바란다. 그리고 여러 채널을 연계해서 홍보를 다양화하는 노력을 기울여야 더 큰 효과를 얻을 수 있을 것이다. 지금 당장 시작하지 않는 판매 채널이라도 미리 알고 있는 것과 모르고 있는 것은 다르다. 멀리 내다보고 차근차근 공부하면서 실행한다면 좋을 것이다. 일단 시작했다면 지속적인 노력을 멈추지 마라.

장기적인 안목으로 운영해야
효과적인 블로그 마켓

블로그 마켓은 운영과 관리가 쉬워서 '누구나 부담 없이 시작할 수 있다'는 제일 큰 장점이 있다. 판매자와 고객의 측면에서 볼 때, 번거로운 회원 가입 없이 직접 소통할 수 있다는 점이 매력적이다. 운영하는데 비용이 들지 않고 네이버에서 콘텐츠 노출이 잘 되기 때문에 무조건 운영해야 하는 매체다. 블로그는 노력을 쏟는 만큼 결과물을 얻을 수 있는 곳이다. 그러므로 단기적인 목표보다 장기적으로 바라보고 끈기 있게 운영하는 자세가 필요하다.

블로그 마켓을 운영하면서 블로그에서 직접 상품을 판매할 수 있고 스마트스토어나 온라인 쇼핑몰, 오프라인 매장에서 판매하는 상품을 소개하는 홍보 채널로도 활용할 수 있다. 필자는 온라인 쇼핑몰을 운영하면서 소식을 공유하는 목적으로 블로그를 활용하고, 상품을 블로그에서 직접 판매하기도 한다. 쇼핑몰 코치로 활동하면서 책을 쓰고 강의하는 일상의 소식도 함께 공유한다. 개인을 브랜딩하기 위해서도 참 소중한 공간이다.

허스타우먼 블로그 마켓 사진(출처 허스타우먼 블로그)

블로그는 사람 사이에 소통을 목적으로 생겨난 매체다. 이웃 관계로 맺어진 이들과는 서로의 관심사와 일상을 엿볼 수 있고 상대방의 성향까지 알 수 있을 만큼 친근하다. 대부분이 자기 일과 관련해서 블로그를 운영하지만, 일상과 정보를 공유하는 것에 많은 비중을 두기 때문에 상품을 판매하는 데 거부감이 가장 적은 매체이기도 하다.

블로그 마켓은 일반적인 마켓과는 느낌이 아주 다르다. 블로그 마켓을 이용해서 구매하는 고객의 대부분은 네이버 등 검색 포털 사이트에서 필요한 제품과 관련된 키워드 검색을 통해 유입된다. 제품 후기를 보고 구매하는 때도 많으며 이웃의 추천을 신뢰하고 구매하기도 한다. 그렇더라도 사람들이 블로그 마켓에서 구매할 때, 어느 단계에서 불편함을 느끼는지 반드시 알고 있어야 한다. 결제, 반품이나 교환, 환불에 대해 적절하게 처리되지 않아 불만을 호소하는 사람이 꽤 많기 때문이다.

블로그 마켓에서는 패션의류, 화장품, 잡화 등이 많이 팔리며, 유아용품 등도 많이 거래된다. 독특한 제품도 늘어나서 소비자의 호기심을 불러일으키기도 한다. 블로그 마켓을 시작하고자 조언을 얻기 위해 책을 읽고 연락을 해오는 사람이 많다. 시골에서 농사를 짓고 한정된 곳에서만 판매하고 있는데 이제는 블로그를 통해 다양한 고객에게 판매하고 싶다는 사람이 있었다. 또한 어머니의 반찬 솜씨가 좋아서 입소문을 내어 판매하기 위해 블로그로 시작하고 싶다는 사람도 있었다.

다양한 곳에서 다양한 상품을 취급하는 사람들이 검색 노출이 잘 되는 블로그에서 상품을 판매하고자 한다. 블로그에서 팔고자 하는 사람과 사고자 하는 사람은 늘어나므로 앞으로도 블로그 마켓은 인기를 끌 것이다.

사실 직장에 다니면서 투잡으로 마켓을 운영한다면 가장 추천하고 싶은 것이 블로그 마켓이다. 운영하기도 쉽고 비용도 들지 않으며 직원 없이도 충분히 감당할 수 있기 때문이다. 틈새 시간을 활용해서 포스팅할 수 있으므로 유리하다. 직장에 다니면서 틈틈이 준비하다가 퇴직 후 본격적으로 마켓을 운영하는 사람이 많다.

좋아하는 상품에 관한 리뷰를 올리다가 나중에는 전문적인 마켓을 운영하면서 판매하는 사례가 늘었다. 취미로 액세서리를 만들어서 올리다가 인기가 많아 판매로 이어지는 사람도 있다. 블로그 마켓은 이처럼 소통이 쉽기 때문에 창업하는 이들에게 유리하다. 여기서는 단골을 만드는 것이 온라인 쇼핑몰보다 쉽다. 이웃 간의 끈끈한 정이 존재한다는 점에서 큰 부담 없이 시작할 수 있다는 장점이 있다. 그만큼 진정성 있는 서비스는 뒷받침되어야 한다.

온라인 쇼핑몰은 광고를 위해 광고비를 많이 투입한다. 그런데 블로그는 꾸준히 운영하고 관리만 잘하면 상위노출이 되기 때문에 높은 광고비를 투자할 필요가 없다. 이웃을 늘려나가고 소통하며 손품을 많이 팔아서 지속적인 포스팅을 하면 자연스럽게 유입이 늘어난다. 블로그 마켓을 운영하면서 브랜딩에도 신경을 쓴다면 좋을 것이다.

마켓을 운영한다면 블로그 마켓으로 시작하고 스마트스토어와 병행하거나 SNS 마켓을 함께 운영하면 좋다. 경험을 쌓고난 다음 온라인 쇼핑몰로 진출하기를 추천한다. 자신이 현재 투입할 수 있는 자본금과 시간에 따라 신중하게 결정하는 것이 좋다. 직장에 다니면서 시작하는 사람은 너무 힘들지 않은 수준에서 즐겁게 시작할 수 있어야 한다. 블로그 마켓을 운영하면서 인스타그램, 페이스북, 밴드 등의 SNS 채널을 활용해서 고객 관리를 하면 유리하다. 단골을 확보하고 유지하는 방법이기도 하다. 카카오톡을 활용해서 적극적으로 소통한다면 블로그의 한계에서 벗어날 수 있다. 필자도 처음에 블로그 마켓으로 시작했기 때문에 댓글로 부족한 부분은 카카오톡으로 보완하여 고객의 조언을 귀담아듣고 그들의 요구를 적극적으로 반영하기 위해 노력했다.

현재 단골을 밴드에 모아 특정 상품을 판매하기도 하고 활용할 수 있는 SNS 채널을 최대한 활용한다. 시대의 변화에 뒤처지지 않고 흐름을 따라가면서 자신만의 차별점을 찾아가고 그것을 어필하기 위해 줄기차게 노력하는 것이 중요하다. 배움을 멈춘다면 고객이 언제 어떻게 떠나갈지 모른다.

블로그 마켓을 운영하면서 잡다한 상품을 판매하는 것은 좋지 않다. 전문성을 갖추기 위해서는 아이템 한 개로 시작해서 서서히 확장해 본다. 일상과 유용한 정보를 함께 올리면서 이웃과 소통하려는 자세를 늘 가져야 한다. 이웃을 늘리기 위해서 적극적으로 이웃을 찾아가고 공감과 댓글에 시간을 투자한다.

필자는 홀로 블로그 마켓을 운영하며 스스로 좋아하는 일을 혼자서

해내면서 자신감이 커졌다. 문제가 발생하면 스스로 해결할 능력을 키워나갔기 때문이다. 블로그 운영에 대한 지식과 마케팅 노하우를 터득했고 트렌드를 읽는 눈을 키워나갔다. 블로그는 1인 기업가로서의 역량을 키워나가는 데 큰 도움이 될 것이다.

비용이 들지 않는 블로그 마켓이라고 해도 어떤 아이템을 어떻게 사입하느냐에 따라 창업 비용이 많이 들 수도 있다. 여성 의류를 판매한다면 사이즈가 다양한 아이템보다는 색상이나 사이즈 종류가 많지 않고 교환, 반품률이 낮은 티셔츠, 원피스, 레깅스 등의 기본 아이템으로 시작하는 것이 좋다. 자신감이 생기면 다양한 종류의 아이템에 도전하라. 간혹 "블로그 마켓도 사업자등록을 해야 하나요?"라고 물어보는 이들이 있다. 상품을 판매하고 수익을 올리는 행위는 무조건 세금을 내야 한다. 반드시 사업자등록과 통신판매 신고를 하고 판매를 시작해야 한다. 어떤 일이든 책임감을 느끼고 시작하는 것이 좋다.

블로그 마켓은 누구나 쉽게 접근할 수 있다는 장점으로 많은 사람이 시작한다. 그렇지만 활성화되기까지 오랜 시간이 걸리기 때문에 인내심을 가지고 한결같이 운영할 수 없는 사람에게는 쉽지 않은 매체다. 콘텐츠의 질과 양으로 특별한 광고 없이 사이트 노출이 가능하므로 꾸준한 관심과 관리가 필요하다. 마켓을 시작하는 사람이라면 비용을 절감하면서 꾸준한 노력으로 경쟁할 수 있는 블로그 마켓을 먼저 시작해보라.

각각의 특징을 잘 살려야
효과를 올릴 수 있는 SNS 마켓

요즘은 SNS 이용이 급격히 늘어나면서 누구나 쉽게 사진을 올릴 수 있고, 지구촌 곳곳 다른 나라에 있는 이들에게 자신의 소식을 전할 수 있다. 단 하나의 사진, 단 한 줄의 글로도 자신의 감성을 전달할 수 있게 되었다. 그만큼 사람이 많이 모여드는 곳에는 상품을 판매하려는 사람이 함께 늘어날 수밖에 없다. 그래서 'SNS 마켓'이라는 새로운 쇼핑 플랫폼이 급부상하고 있다. 특히 인스타그램의 성장으로 인스타그램 마켓이 빠르게 성장하는 추세다.

SNS 마켓 시장을 이끄는 파워 셀러는 특정 관심 분야에 대해서 많은 팔로워와 정보를 공유한다. 유통업계에서는 SNS에서 인기가 많았던 상품을 모아 행사를 기획하기도 한다. 인기 셀러와도 직접 소통할 수 있는 장을 마련해 국내 소상공인의 판로 개척을 지원한다.

백화점에서도 SNS 파워 인플루언서를 활용한 팝업 스토어를 확대한다고 한다. 이미 진행된 행사에서 목표보다 높은 수익을 창출했기 때문이다. 블로그 마켓에 이어 SNS 마켓의 성장은 지속할 것으로 보인다. 블로그 마켓을 운영하더라도 인스타그램을 반드시 해야 하는 이유다.

인스타그램에서 마켓 관련 해시태그 검색을 해보면, 마켓, 블로그 마켓, 마켓 오픈, 마켓 공구 해시태그를 이용한 게시물이 200만 건이 넘는다. 요즘은 마켓 동영상도 많이 올라오는 추세다. 스마트스토어나 블로그 마켓을 함께 운영하면서 메인 판매 채널로 유입하는 사람도 많다.

인스타그램 #마켓 인기 게시물 사진

그런데 SNS로 인한 개인 간 거래가 늘어나면서 문제점도 속출하고 있다. 허위, 과장 광고나 교환, 환불 피해자가 늘어나고 있기 때문이다. 상품 사용 후 부작용을 호소하는 고객의 목소리를 외면하는 사람이 있다. 앞으로 SNS 마켓 시장은 더욱 커질 텐데 소비자 피해도 함께 늘어날 우려가 예상된다. 어느 채널에서 판매하더라도 책임감을 느끼고 고객을 진정성 있게 대하는 마음이 기본이다.

카카오스토리의 인기는 예전보다 떨어지기는 했지만, 카카오스토리를 통해서 판매하는 사람이 아직도 많이 있다. 카카오스토리는 페이스북, 인스타그램보다는 선호하는 연령대가 높다. 만약 사업 타깃 고객층이 30~40대라면 카카오스토리는 반드시 해야 한다. 10대, 20대의 사용

인스타그램 #블로그 마켓 인기 게시물 사진(출처 인스타그램)

은 적지만 기존에 사용하고 있는 사람들은 유지하고 있는 경우가 많기 때문이다. 주위에도 필자와 나이가 비슷하거나 나이가 더 많은 이들은 카카오스토리를 꾸준히 한다. 기존에 확보한 친구를 모아놓고 공구^{공동구매} 형식으로 수익을 올리는 사람도 많다.

5년 전, 블로그로 옷을 판매하기 시작했을 때 카카오스토리에서도 함께 판매했었다. 카카오스토리를 이용하는 사람 중 블로그를 이용하지 않는 사람이 많았기 때문이다. 여성 의류를 판매했기 때문에 타깃에 맞는 여성과 카카오스토리 친구를 맺으면서 지속적인 상품 소개를 했는데, 생각보다 반응이 좋았다. 지금도 운영하면서 단골을 관리하고 판매하는 사람이 많다.

카카오스토리에서 판매하는 이들 중에는 오프라인 매장을 직접 운영하면서 활용하는 사람도 많다. 주 고객을 대상으로 빠르게 소식을 올려주어 고객 관점에서 편하게 신상품 정보를 얻을 수 있어서 편리하다. 도매 거래처도 요즘은 카카오스토리로 신상품을 빠르게 업데이트하니까 판매자에게 편리한 부분이 많다.

카카오스토리와 함께 밴드를 운영하는 사람도 많은 추세다. 밴드는 카카오스토리와 페이스북, 인스타그램과는 성격이 다르다. 밴드는 폐쇄형으로 카페처럼 가입을 한 사람만 활동할 수 있다. 카페와 밴드는 회원을 모집하는 데까지는 시간이 많이 소요되지만, 가입자가 누적되는 만큼 효과는 크다. 관심사가 같은 사람들을 한곳에 모아놓고 홍보할 수 있다는 것이 엄청난 장점이다. 다른 SNS처럼 이탈률이 낮으므로 안정적으로 고객 관리를 할 수 있다.

카카오는 커머스 사업 부문을 분사해 사업자에게 효율적으로 상품을 판매할 수 있는 인프라 서비스와 솔루션을 제공할 예정이라고 한다. 이용자도 최적화된 쇼핑 정보를 받을 수 있고 편리한 쇼핑을 할 수 있게 하겠다는 취지를 밝혔다. '앞으로는 사업자가 해외로 진출할 수 있도록 글로벌 커머스 플랫폼으로 성장하겠다'는 비전도 제시했다. 마켓을 운영하는 사람은 변화에 민감하게 반응하고 새로워진 정책에 대해 늘 관심을 가져야 한다.

마켓이 있는 사람은 페이스북 페이지를 만들어서 추가로 홍보할 수 있다. 페이스북 페이지는 쉽게 말해서 가게나 매장을 운영하는 개념이다. 여러 개 만들 수 있고 관리자가 여러 명이어도 상관없다. 페이스북은 관리자가 만든 '페이스북 페이지'에서 숍 섹션을 제공해 전자상거래 시장에서 영향력을 키우는 중이다. 무료로 이용할 수 있어서 편하고 제품에 대한 상세한 정보를 소비자에게 노출할 수 있다.

카카오스토리, 밴드, 인스타그램, 페이스북 등은 메인 판매 채널을 홍보하는 수단으로 활용하는 것이 좋다. 만약 따로 메인 판매 채널이 없더라도 판매한다면 반드시 정식으로 사업자등록과 통신판매업 신고를 하고 시작해야 한다.

운영하는 방법이 간단하고 반응이 빠르게 온다는 큰 장점 때문에 누구나 쉽게 시작하고 있는 분위기이지만 SNS 마켓 시장은 계속 경쟁이 치열해지고 있다. 쉽게 시작하더라도 제대로 알고 해야 한다. 일단 시작했으면 줄곧 운영하면서 자신을 알리고 상품에 대한 신뢰를 높이려는 노력은 반드시 필요하다.

대한민국 대표 포털 네이버를 200% 활용하는 스마트스토어

네이버 스마트스토어는 현재 '스타트 제로 수수료' 프로그램을 도입해 창업 초기 사업자에게 12개월간 결제 수수료를 무료 지원하고 있다. 사업 초기 안정화에 도움을 주기 위해서다. 매월 500만 원(당일 취소분 반영된 순결제 금액)에 대해 12개월간 결제 수수료 무료를 지원한다. 신청 대상은 스마트스토어 국내 사업자 중 최초 가입승인일이 일반과세자 13개월 미만, 간이과세자 20개월 미만이며 판매등급이 새싹, 씨앗 등급인 판매자다. 신규 창업자가 직접 신청해 그때부터 1년간 제로 수수료를 적용받는다. 스마트스토어로 창업을 시작하는 사람에게 엄청난 희소식이다.

사업 확장 가능성이 큰 월 거래액 800만 원 이상의 사업자를 위해서는 퀵에스크로 프로그램^{가칭}도 연내 도입할 계획이라고 한다. 일정액 수수료를 내면 판매 대금의 80%를 선지급해 판매자의 자금 회전율을 높이겠다는 것이다.

스마트스토어는 네이버 쇼핑의 입점 숍이다. 네이버 쇼핑도 오픈 마켓 형태로 구성되어 있다. 입점 수수료와 판매 수수료가 무료여서 인기가 높다. 네이버 쇼핑 공간을 통해 매출 발생 시 추가 수수료가 2% 붙는 방식이다. 하지만 다른 오픈 마켓 보다 수수료가 저렴하다. 네이버 쇼핑을 통해서 판매된 경우에만 연동 수수료를 받는다.

스마트스토어는 개인 판매자와 사업자 판매자로 나누어진다. 개인 판매자는 가입이 간단하고 사업자 판매자만 몇 가지 입점 서류가 있다.

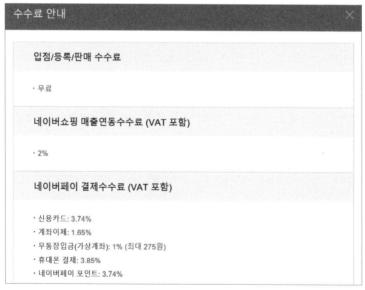

스마트스토어 수수료 사진(출처 네이버 스마트스토어 센터)

사업자 판매자로 가입하면 사업자 등록 번호를 넣고 유형을 선택한 후 개인 정보를 입력하면 신청이 완료된다.

입점서류(개인)

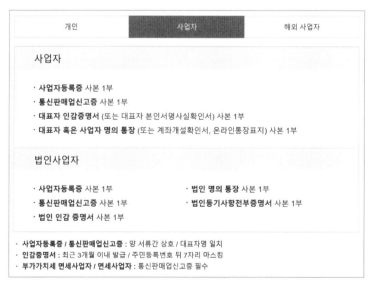

스마트스토어 입점서류(사업자)

스마트스토어 판매자 유형선택

스마트스토어 판매자 정보입력(출처 네이버 스마트스토어센터)

스마트스토어는 개인 블로그와 함께 연동하며 운영하는 사람이 많다. 요즘은 개인 온라인 쇼핑몰을 가지고 있더라도 스마트스토어를 함께 운영하는 사람이 느는 추세다. 장점은 판매자 회원으로 가입이 간단하며 네이버에서 노출이 유리하다는 점이다. 사람들의 검색률이 가장 높은 네이버에서 자신의 판매를 노출하기 위해서는 네이버의 변화에도 꾸준한 관심을 가져야 한다. 운영도 다른 오픈 마켓보다 수월하다. 네이버 블로그와 비슷한 형태로 상품을 올릴 수 있다는 큰 장점이 있다.

요즘은 오프라인 매장을 운영하는 사람도 스마트스토어를 통해 온라인 판매를 병행한다. 네이버 쇼핑의 '쇼핑 윈도' 서비스는 오프라인 매장

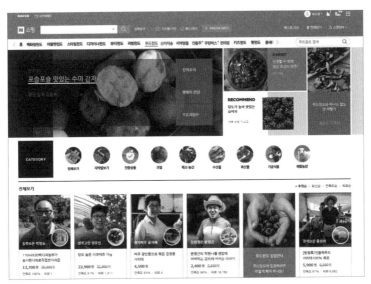

네이버쇼핑 쇼핑 윈도 내 '푸드 윈도'(출처 네이버 쇼핑)

을 운영하는 사람에게 특화되어 있다. 쇼핑 윈도는 전국 오프라인 매장 상품을 온라인으로 연결해주는 플랫폼이다. 특히 패션 윈도 서비스가 전면 개편되어 오프라인 쇼핑의 장점을 최대한 살리고 있다.

쇼핑 윈도 안에 있는 푸드 윈도에 있는 산지 직송을 클릭해보면 산지에서 직접 농사를 짓는 사람의 얼굴을 확인할 수 있어 더 믿고 살 수 있다. 매장이 있는 사람에게 부족한 부분을 보완할 수 있는 서비스이며 고객도 판매자를 보고 거래할 수 있어서 좋다.

'톡톡' 메신저와 '스토어찜' 서비스로도 고객관리를 제대로 할 수 있도록 지원한다. 네이버 쇼핑을 통해서 아들이 원하는 자동차 장난감을 산 적이 있다. 판매자가 중국에 있어서 사실 걱정이 되기도 했는데 톡톡 메신저를 통해 궁금한 부분을 바로 해결할 수 있어서 참 편리했다.

스마트스토어에서 성공하기 위해서는 먼저 자신이 판매하려는 상품과 비슷한 제품을 가장 많이 판매하고 있는 곳을 찾는다. 그리고 거기서 어떻게 상품을 올리고 어떤 구성을 했는지 분석하고 판매자가 하는 마케팅도 벤치마킹할 수 있다. 많은 매출을 올리는 곳은 아무래도 오랜 노력과 연구를 해왔기 때문이므로 그것을 잘 활용한다면 성공하기 위해 드는 시간과 비용을 절약할 수 있다. '네이버 쇼핑 베스트 100'을 검색하여 판매 전략을 분석해보고, 자신이 판매하고자 하는 아이템의 카테고리에 들어가 인기상품을 검색해보면 좋다.

패션 의류 중 여성 의류 내에 있는 '원피스'를 검색해보았다. 이미 인기를 끌고 있는 경쟁자를 통해 조금씩 노하우를 배우다 보면 자신의 스

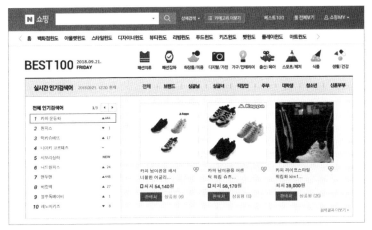

네이버쇼핑 베스트 100 검색 사진

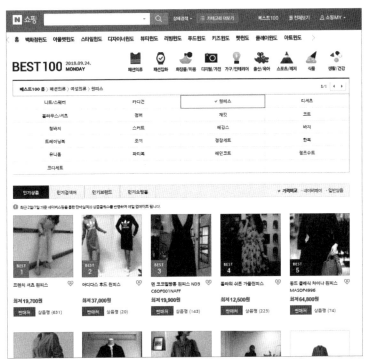

카테고리별 베스트 검색(출처 네이버 쇼핑)

타일을 완성해갈 힘이 생긴다. 무조건 똑같이 하는 것만이 답이 아니라 '좋은 점은 배우고 단점은 보완한다'는 생각으로 벤치마킹을 활용하면 좋다.

이 외에도 오픈 마켓과 소셜 커머스에서 검색해보고 파악하는 노력도 필요하다. 벤치마킹할 때는 대표 이미지가 다른 사람과 어떻게 다른지, 상세 페이지는 어떻게 구성했는지, 구매 후기 부분도 유심히 살펴보아야 한다. 어떻게 사진을 찍어서 올리면 반응이 좋고 구매 욕구를 올릴 수 있는지 분석하고 연구하기 바란다.

스마트스토어를 운영하더라도 블로그, 페이스북, 인스타그램은 필수로 함께 운영하는 것이 좋다. 스마트스토어 노출 채널 관리에 들어가면 'SNS 설정하기' 코너가 있는데, 블로그, 페이스북, 인스타그램과 연동할 수 있게 되어있기 때문에 무조건 활용해야 한다.

인스타그램을 통해서 고객이 스마트스토어를 방문할 수 있도록 하고 인스타그램에 후기를 공유하고 체험단을 모집하는 것도 좋은 방법이다. 인스타그램에 올라온 후기를 보고 상품 구매를 위해 사이트로 이동하는 사람이 많다. 리포스트 리그램를 활용해서 많은 사람에게 전파할 수 있는 장점이 있는 만큼 어떤 흥미로운 이벤트를 진행하느냐에 따라서 확산 속도도 달라진다.

스마트스토어에서는 스토어찜과 톡톡 친구를 늘리는 노력을 해서 제품의 판매량이 줄어들 때를 대비해야 한다. 신규 고객보다 기존 고객을 더 집중해서 관리해야 함을 잊어서는 안 된다. 새로운 고객을 설득하는 것보다 이미 신뢰를 하고 구매한 고객이 재구매를 하게 하는 것이 훨씬 쉬운 일이다. 네이버에서는 창업자를 위해 다양한 교육 프로그램을 운영하고 있으므로 잘 활용하면서 천천히 준비해보자.

스마트스토어에서 성공하기 위해서는 먼저 자신이 판매하려는 상품과 비슷한 제품을 가장 많이 판매하고 있는 곳을 찾는다. 그리고 거기서 어떻게 상품을 올리고 어떤 구성을 했는지 분석하고 판매자가 하는 마케팅도 벤치마킹할 수 있다. 많은 매출을 올리는 곳은 아무래도 오랜 노력과 연구를 해왔기 때문이므로 그것을 잘 활용한다면 성공하기 위해 드는 시간과 비용을 절약할 수 있다. '네이버 쇼핑 베스트 100'을 검색하여 판매 전략을 분석해보고, 자신이 판매하고자 하는 아이템의 카테고리에 들어가 인기상품을 검색해보면 좋다.

가격 경쟁력을 무기로 한다면
오픈 마켓을 이용하라

11번가, G마켓, 옥션 등과 같은 오픈 마켓은 입점하기는 쉽지만, 판매자끼리의 경쟁은 엄청나게 치열하다. 자신과 비슷한 상품을 판매하려는 경쟁자가 넘쳐나서 가격 경쟁력이 없다면 매출을 기대하기 힘들다. 소비자가 가격을 비교하기가 너무 쉬운 구조이기 때문이다.

사업가 K는 오래전 온라인에서 상품을 판매하기 위해 다양한 경로로 마케팅 활동을 하였다. 그리고 본격적으로 판매를 시작했을 때 경쟁업체가 같은 상품을 말도 안 되게 싼 가격으로 오픈 마켓에서 판매를 시작했다. K는 그동안 홍보를 위해 많은 시간과 돈을 투입했는데 어쩔 수 없이 판매를 중단해야만 했다. 제조사에 항의했지만 소용없었다고 했다.

이처럼 오픈 마켓은 가격 경쟁이 치열하므로 유통에서 유리한 사람이 더 많은 수익을 가져갈 수밖에 없다. 직접 생산하거나 물건을 직수입하거나 하는 등의 일반 소매상과는 다른 경로가 있는 판매자가 훨씬 유리하다.

요즘은 간단한 검색만으로도 가격 비교가 쉬우므로 가격 경쟁력이 있거나 희소한 상품을 판매하거나 하는 등의 자신만의 강점이 반드시 있어야 한다. 고객의 욕구를 빠르게 파악하고 선점할 수 있다면 좋다. 고객이 많다고 해서 무조건 판매가 쉬운 것은 아니니 아이템 선정도 신중해야 하는 곳이 바로 오픈 마켓이다. 소모성이 강한 생활용품 등은 가격의 미세한 차이에도 고객이 민감하다. 가격 비교가 가장 심하므로 기획 상품이나 이벤트 등을 해서 차별화를 꾀해야 한다.

다양한 커뮤니티 활동을 하면서 새로운 판매 아이템을 찾아낼 수도 있으니 외부 활동에도 신경을 쓰는 것이 좋다. 사업자끼리의 교류를 통해 좋은 아이디어를 얻고 협업을 하는 일도 많기 때문이다. 필자가 몰랐던 정보를 얻는다든지, 새로운 아이템을 판매할 수 있는 업체를 알게 되는 등 사람을 통해 얻은 것이 많다.

경쟁자가 많은 여성 의류라면 차별화되는 콘셉트에 신경을 더욱 써야 한다. 고객의 시선을 잡기 위한 사진 촬영까지 세세하게 신경 쓸 부분이 많으므로 초기에 아이템 선정을 위한 시장 조사를 더욱더 철저하게 해야 한다. 자신이 판매하는 상품과 유사한 상품을 판매하는 업체가 운영하는 곳의 구매 후기, 문의 게시판, 가격, 혜택 등을 분석해서 소비자의 욕구를 파악한다. 고객이 선호하는 색상, 디자인, 사이즈 등 꼼꼼하게 조사해야 한다. 오픈 마켓에서는 광고로 자신의 상품을 노출하기 위한 경쟁이 치열하기 때문이다.

무분별한 광고에 돈을 쏟아붓기보다는 어떤 광고를 진행하면 좋을지 시간을 두고 결정한다. 오픈 마켓별로 진행되고 있는 광고 분야의 가격과 장·단점을 분석한 후 신중하게 진행해야 한다. 중요한 것은 광고를 우선으로 생각하기보다는 그 전에 준비해야 할 것을 제대로 해놓고 고민해야 한다는 것이다. 광고에 많은 투자를 했는데도 고객이 들어와서 구매하지 않는다면 광고 효과는 없기 때문이다.

오픈 마켓에 판매자로 가입해서 판매에 신경을 쓰면서도 구매자로서 오픈 마켓을 바라보고 분석하는 노력을 함께 기울여야 한다. 오픈 마켓에 구매 회원으로 일단 가입해서 사업자로 전환하는 것이 좋다. 오픈 마켓에서 메일로 보내는 광고 글을 분석하는 것도 도움이 된다. 오픈 마켓에서 인기 있는 상품을 지속해서 관찰하고 그중에서 당신이 판매자로서 제조사와 연결될 수 있는 통로가 있는지도 늘 관심을 가져야 한다. 오픈 마켓은 가격 경쟁이 심하므로 유통 구조를 줄이고 마진율을 확보하면서 싸게 판매하는 것이 유리하다. 무조건 싸게 팔다가 마진이 없다면 그동안의 고생은 의미가 없다.

오픈 마켓에서 상품을 판매하는 시스템을 접해본다면 온라인 판매에 대해 이해하기가 쉬울 것이다. 처음부터 사업자등록을 하지 않더라도

11번가 회원가입 메인 페이지

11번가 판매 회원 가입하기

판매할 수 있기 때문에 시작하기가 수월하다. 또 상품의 개수가 적고 규모가 작아도 시작할 수 있다는 장점이 있다. 그래도 경쟁자가 많이 밀집해있는 만큼 가격이나 콘텐츠 면에서 경쟁력을 갖추어야만 성공할 수 있다.

11번가는 '11번가 셀러 존'을 통해 판매자 가입이 가능하다. G마켓과 옥션은 통합 ESM PLUS에서 관리가 한 번에 가능하다는 장점이 있다. 쇼핑몰을 계속 운영할 계획이고 사업자등록을 할 수 있는 상황이라면 사업자로 가입해서 상품을 등록하는 것이 나중에 번거롭지 않을 것이다. 11번가는 사이트에서 회원가입으로 들어가 사업자 판매 회원을 선택해서 가입하고 사진에 나와 있는 서류를 등록하면 된다. 개인 판매자로 가입하면 절차가 이보다 훨씬 간단하다. 개인 판매자로 시작해도 일정 수입을 넘기면 사업자 판매자로 전환해야만 한다. 오픈 마켓에서 사업자 판매 회원으로 가입할 때 구비 서류는 G마켓과 옥션은 사업자등록증 사본과 통신판매업신고증 사본이 필요한데, 11번가는 추가 서류가 더 필요하다. 옆 페이지의 이미지를 참고하기 바란다.

G마켓은 회원가입을 눌러 화면 아래쪽 '판매 회원 가입하기'를 클릭해서 사업자 판매이면 사업자등록번호로 인증하면 된다. 옥션도 마찬가지로 회원가입을 눌러 판매 회원으로 가입하거나 전환하면 된다. G마켓과 옥션에서 회원 가입을 마치면 G마켓과 옥션을 통합 관리할 수 있는 ESMPLUS Ebay Sales Manager PLUS, 통합 셀링 플랫폼을 통해서 로그인한다. www.esmplus.com에 접속하면 된다.

G마켓 판매 회원 가입

G마켓 사업자 판매 회원 인증

옥션 판매 회원 가입/전환

ESM PLUS 로그인

통합 관리 페이지

상품 등록 페이지

오픈 마켓에 유입되는 사람이 많은 만큼 홍보 효과가 빠르므로 오픈 마켓에 입점함으로써 차후에는 자신의 쇼핑몰로 고객이 들어올 수 있도록 하는 것이 좋다. 오픈 마켓과 개인 쇼핑몰에서 같은 아이템이 판매한다면 대부분이 오픈 마켓에서 구매하려는 성향이 강하다. 다양한 혜택을 주고 조금이라도 더 싼 가격에 사고 싶은 욕구 때문이다. 그래서 개인 쇼핑몰은 더더욱 차별화된 무언가가 반드시 있어야 한다. 단 한 번이 아닌 계속 구매하고 싶다는 마음이 들 때, 고객은 번거로운 회원가입도 하고 지속적인 관심을 가질 수 있다.

오픈 마켓이 개인 쇼핑몰보다 자신만의 개성을 담는 부분이 취약하다. 기술, 디자인, 콘셉트에 있어서 남과 다른 점이 있다면 개인 쇼핑몰도 충분히 승산이 있다. 그렇지 않으면 오픈 마켓에서 시작하는 것이 안전하다.

오픈 마켓에서 판매를 시작하기 전에 자신이 판매하고자 하는 사이트에 들어가 동일 카테고리 상품 중 판매 순위가 높은 업체를 분석해보아야 한다. 가격대, 콘셉트, 후기, 페이지 디자인, 메인 사진과 상세 페이지 구성, 내용 설명 등을 벤치마킹한다. 배송과 판매 이벤트, 사은품 등도 함께 분석해 보자. 다른 매체를 통해서도 판매를 하고 있는지 찾아보는 것도 좋다. 단골을 자체 사이트로 유입하기 위한 서브 매체로 활용하고 있는 사람이 많다.

11번가에서 파는 카디건 종류 중에서 미니/볼레로 상품 베스트를 검색해 보았다. 이렇게 세부 카테고리를 찾아서 해당 아이템을 판매하고 있는 업체 수를 함께 조사해 보면 자신이 판매하고자 하는 상품의 경쟁 정도를 파악할 수 있다.

고객은 오픈 마켓에서 상품을 구입할 때, 후기를 유심히 읽어보는 경향이 있다. 그러므로 초기에는 수익보다는 홍보와 부가서비스로 양질

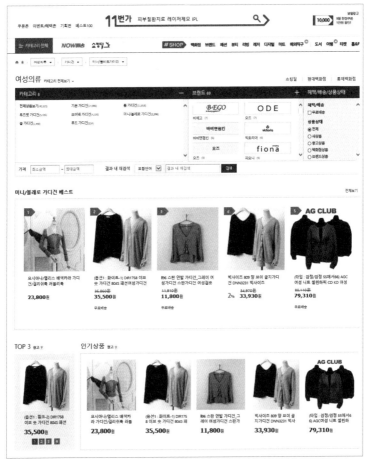

11번가 카테고리별 베스트 상품 검색

의 고객 후기를 확보하기 위한 노력이 필요하다. 판매를 잘하고 있는 숍의 상품 후기를 꼼꼼히 살펴보는 것이 좋다. 광고를 진행하는 사람은 어떤 방식으로 하고 있는지도 살펴보자.

오픈 마켓은 중개형 쇼핑몰이기 때문에 판매자와 고객 간에 문제 발생 시 책임의 의무가 없으며 판매자가 모두 책임을 진다. 오픈 마켓에서는 특히 매매 부적합 물품과 매매 주의 상품이 있으니 잘 확인해야 한다. 식품을 팔려면 약품안전처의 인증을 받아야 하고 건강 기능 식품이라면 한국건강기능식품협회를 통해 건강 기능 식품 판매업에 관련한 교육을 이수해야 하고 따로 판매업 신고증도 발급받아야 한다. 화장품도 식품의약안전처의 인증을 받아야 하고 여러 가지 주의사항이 있으므로 이를 확인하고 판매해야 한다.

오픈 마켓에서 자체적으로 진행하는 교육에도 관심을 가져보면 좋다. 쇼핑몰 창업을 할 때, 무료 교육을 제대로 활용하는 사람이 많지 않다. 로마에 가면 로마의 법을 따라야 하듯이, 오픈 마켓, 카페24, 고도몰 등 자체적으로 진행하는 교육을 적극적으로 받으면서 창업을 준비한다면 큰 비용을 들이지 않고 안정적인 창업을 할 수 있을 것이다. 주위에 조언해줄 수 있는 전문가가 있다면 큰 힘이 된다. 모르는 것은 알고 시작하겠다는 마음가짐이 필요하다.

오픈 마켓의 최대 장점은 이미 형성된 시장에서 판매를 시작할 수 있다는 점이지만, 그만큼 판매 수수료가 높다는 것이 단점이다. 스마트스토어와 비교했을 때, 2배 이상까지도 차이가 날 수 있다. 상품 카테고리별 최대 12%로 차등 적용이 된다. 경쟁이 치열한 상품일수록 수수료가 높다. 처음에 판매를 시작하는 사람에게는 아무래도 소셜커머스 보다는 오픈 마켓이 진입하기가 수월하다.

오픈 마켓은 온라인 쇼핑몰로 가는 하나의 과정이라고 생각한다. 오픈 마켓에서 노하우를 습득하고 회원을 만들어 놓은 다음 온라인 쇼핑몰을 오픈하면 그만큼 유리하다. 오픈 마켓에서 단골이 많이 생기면 나중에 도움이 된다. 오픈 마켓에서 고객을 만족시킬 수 있다면 쇼핑몰 오픈 후에도 고객이 자연스럽게 따라오게 될 것이다.

오픈 마켓의 강점을 이용하고
마케팅 지원을 얻는 소셜 커머스

소셜 커머스는 초기에는 판매자가 공동 구매형으로 상품을 올려서 판매를 진행하고, 소비자는 판매자가 규정한 일정한 양 이상의 구매 수량을 채우면 다양한 할인 혜택을 주는 방식이었다. 현재는 대부분의 소셜 커머스가 기존의 오픈 마켓과 유사한 판매 형태를 취한다. 서로 경쟁이 치열한 만큼, 끊임없이 변화하려는 노력을 기울이는 분위기다. 쿠팡, 위메프, 티몬 등이 있다. 판매 수수료는 5~10%로 카테고리별로 다르다. 소셜 커머스는 경쟁력 있는 상품 1가지로도 대량 판매가 가능하다. 오프라인 매장이 있다면 홍보 채널로 유리하게 작용한다. 초보자에게는 오픈 마켓보다 진입이 어렵다.

쿠팡 판매자 센터

쿠팡 판매자 사업자 인증

쿠팡 입점 신청 완료

쿠팡 판매자 수수료

　쿠팡에서 판매자로 가입하려면 판매자 센터에 들어가서 판매자로 등록 신청을 하면 된다. 사이트에 들어가면 맨 아랫부분에 입점/제휴 문의를 클릭해서 들어간다. 지금 판매하기를 눌러서 사업자 인증 절차를 거친다.

　판매자 입점 신청을 한 후 약관 동의와 계좌 정보, 관련 서류 첨부 후 입점이 승인되면 가입 신청이 승인되었다고 메일이 온다. 상품 등록 페이지가 나오면 상품을 등록하면 된다. 입점 서류는 다른 오픈 마켓과 비슷하다. 오픈 마켓과 경쟁을 해야 하므로 기존보다 더 빠르게 입점할 수 있도록 신경 쓰고 있다.

쿠팡은 온라인 제휴마케팅 시스템인 '쿠팡 파트너스'를 자체 개발했다. 콘텐츠 크리에이터와 인플루언서가 상품을 간단하게 소개할 수 있는 시스템이다. 블로그, 인스타그램, 페이스북 등 소셜 미디어나 기타 온라인 채널을 소유한 쿠팡 회원이라면 쉽게 이용할 수 있다. 판매 중인 서비스나 제품을 가입자의 채널에 연결해 놓은 후 발생한 수익금을 받는 방식이다. 개인 블로거나 인플루언서, 육아맘 등에게 새로운 수익원이 될 것으로 보인다.

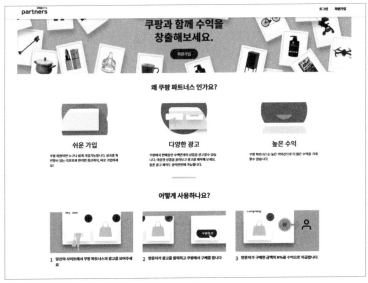

쿠팡 파트너스 안내

쿠팡 파트너스 가입

프로필 정보입력

쿠팡의 링크나 배너를 보여줄 본인의 블로그, 웹사이트 또는 모바일앱 정보를 입력해주세요. 1개 입력 필수, 웹사이트/모바일 선택가능.

웹사이트 목록

http://   추가

모바일 앱 목록

플레이 스토어 혹은 애플 앱스토어의 앱 URL을 입력해주세요   추가

귀하의 웹 사이트는 어떤 성격입니까?*

예) 육아정보 사이트, IT 디지털 블로그...

귀하의 웹 사이트 또는 모바일 앱을 설명하는 주제는 무엇입니까?* 복수선택 가능*

남성패션   여성패션   뷰티   출산/유아동   식품   주방용품

생활용품   홈인테리어   가전디지털   스포츠/레저   자동차용품

도서/음반/DVD   완구/취미   문구/오피스   반려동물   헬스/건강식품

여행   공연/전시/체험

직접 입력   추가

가입완료

쿠팡 파트너스 가입 페이지

SNS 공간에서 판매자의 힘과 시스템이 보태어져 함께 이익을 얻는 구조이다. 쿠팡은 한국판 아마존을 목표로 한다. 수년간 공격적인 투자로 고성장을 이룬 아마존이 성공 모델이다.

고객 입장에서는 소셜커머스가 구매 면에서 싸고 배송과 환불 측면에서 편리한 면이 많지만 그만큼 고충을 겪는 쪽은 판매자다. 우리가 소비자일 때와 판매자일 때는 입장이 전혀 다르기 때문에 신중하게 생각하

고 판매하는 것이 좋다. 나 역시 빠른 배송과 환불조치로 소셜커머스에서 상품을 자주 사는 편이다.

위메프는 오픈 마켓 방식 대신 상품 기획자(MD)가 직접 파트너사를 발굴해서 상품을 등록하고 판매하는 형태다. 기존에 오픈 마켓과 확실히 차별하기 위해서다.

초기부터 지나친 욕심으로 다양한 채널에서 팔려는 시도보다는 채널별로 장·단점을 비교하면서 당신에게 가장 잘 맞는 판매처, 당신의 성장 시기에 적절한 곳은 어디인지 고민해보고 결정해야 한다. 아는 만큼 보인다고 당장 판매를 할 매체가 아니더라도 늘 정책변화에 관심을 가져보는 것이 좋다.

티몬은 2017년 12월, 오픈 마켓을 론칭한 이후로 파트너사를 늘리기 위해 노력한다. 오픈 마켓을 확대하면서 모바일 커머스로 거듭나고 있다. 판매자가 직접 상품을 등록하고 관리하며 자율적인 운영을 할 수 있도록 바꾸었다. 그리고 티몬은 V-커머스(비디오 커머스)를 주요 전략으로 삼으며 차별화를 꾀한다. 영상을 활용해 상품 전달을 하는 매체로 단순 이미지 텍스트보다 구매 전환율이 높다.

웹드라마를 자체 제작하고 인플루언서를 활용한 마케팅에도 적극적이다. 티몬은 투자 유치를 통해 플랫폼 및 물류 고도화를 위한 개발에 많은 비용을 투자할 계획을 가지고 있다. 쿠팡 역시 투자금을 유치해 물류센터 규모를 더욱 확대해나갈 것이다. 이렇게 업체들간의 자금 유치 경쟁이 뜨겁다. 누가 더 싸고 더 빨리 배송하느냐의 경쟁력은 결국 얼마

만큼의 자금을 확보하고 있느냐에 달려있기 때문이다. 하지만 많은 고객을 확보하고 있다고 해서 반드시 판매자의 입장에서도 유리하다고는 볼 수 없다. 자신이 판매하고자 하는 업체에 판매 관련 규정에 대해서도 자세히 알아보고 판매를 시작하는 것이 좋다.

오픈 마켓과 소셜 커머스 업체는 경쟁 구도로 경계가 흐려졌다. 서로의 비즈니스 방식을 활용하는 추세다. 경쟁하면서 스스로 특색을 가지려고 연구하고 변화를 꾀하는 분위기다.

마켓 창업을 시작하는 처지에서 자신이 판매하고자 하는 채널뿐 아니라 넓은 시각에서 온라인 시장의 분위기를 파악할 필요가 있다. 뉴스 기사에도 관심을 가져보자. 요즘 온라인 판매와 관련해서 좋지 않은 일도 많이 있어서 안타깝다.

많은 고객을 확보하고 있다고 해서 구매자를 이용해 정당하지 못한 판매를 하여 문제를 일으키는 사람이 많다. 규모와 상관없이 당신은 언제나 고객을 생각하는 마음으로 늘 올바른 선택을 해야 한다. 성장이 조금 늦으면 어떤가. 자신의 이름을 걸고 하는 사업인 만큼 사회에 대한 책임감 또한 가져야 한다.

사업 안정화 이후 시작해도 늦지 않은
온라인 쇼핑몰(독립 몰/임대 몰)

온라인 쇼핑몰은 앞서 설명했던 채널에서 경험을 쌓은 후 시작해도 늦지 않다. 처음부터 온라인 쇼핑몰 사이트를 만들어서 제대로 하고 싶은 욕심보다는 시장의 흐름을 파악하고 다양한 경험을 통해 노하우를 습득한 이후에 시작하는 것이 좋다. 온라인 쇼핑몰을 운영하려면 사업자 등록과 통신 판매 신고는 반드시 해야 한다.

개인이 직접 운영하는 온라인 쇼핑몰은 독립형과 임대형으로 나누어진다. 독립형 쇼핑몰은 서버 구축에서부터 프로그램 개발 등 모든 과정을 직접 운영하는 방식이다. 보통 대형 쇼핑몰이나 기업에서 많이 사용하는 방식이다. 독립형 쇼핑몰은 임대형 쇼핑몰의 한계에서 벗어나 자신이 원하는 방식으로 자유롭게 운영할 수 있다는 장점이 있다. 차별화된 쇼핑몰을 구축하고 싶고, 이미 기술적인 능력이 있다면 독립 몰도 괜찮을 것이다. 도움을 받지 않고도 자유롭게 사이트를 운영할 수 있는 사람은 상관없다. 그런 것이 아니라면 처음부터 부담스럽게 시작해서는 안 된다. 아무것도 모르고 시작한다면 제작자에게 계속 의존해야 하는 문제가 생기기 때문이다.

처음에 쇼핑몰을 구축할 때, 필자가 다른 업무로 시간이 없는 상황이어서 프로그램 개발자에게 전적으로 맡기고 제작에 들어갔다. 물론 중간 중간 미팅하면서 사이트를 완성해가기는 했지만, 사이트의 모든 부분을 프로그래머가 만들어냈기 때문에 사이트 관리를 스스로 하기까지 오랜 시간이 소요되고 공부도 많이 해야 했다.

시간이 지난 후 '임대 몰로 시작할걸' 하는 후회를 많이 했다. 바쁜 상황에서 급하게 쇼핑몰 준비를 하다 보니 신중하지 못한 선택을 했다. 얼마 전에 결국 임대 몰로 서버 이전을 했다. 독립 몰보다 훨씬 운영하기가 편하고 관리도 쉽다. 이런 이유로 개인 온라인 쇼핑몰을 구축하려고 한다면 처음에는 임대 몰로 시작하기를 추천한다.

카페24, 메이크 숍, 고도 몰과 같은 임대형 쇼핑몰은 기술적인 부분을 위탁해서 운영하는 방식이다. 카페24는 초기비용 없이 시작할 수 있다는 큰 장점이 있다. 무료 디자인을 활용할 수 있어서 편하다. PG사^{결제대행업체} 등록 비용과 도메인 등록비 외에 비용이 들지 않는다. PG사 등록은 14일 정도 소요되기 때문에 개시 예정일보다 일찍 신청하는 것이 좋

허스타우먼 쇼핑몰 사진

다. 무료 디자인이 마음에 들지 않는다면 유료로 제공하는 다양한 디자인을 보고 선택하면 된다. 메이크 숍은 월 55000원의 사용료를 받는다. 고도 몰은 무료형, 임대형, 독립형 쇼핑몰을 지원한다. 각각의 장·단점이 있어서 쇼핑몰 체험 코너를 통해 어느 업체와 맞는지 비교해보고 선택하면 된다.

쇼핑몰 솔루션 업체마다 창업자를 위한 교육을 운영하고 있으니 활용하면 좋다. 무료 교육을 들어보면서 어떤 업체를 선택할지 결정하는 것도 좋은 방법이다. 자신의 역량에 따라 운영하기가 더 수월한 곳을 선택해야 한다. 급하게 결정하지 않도록 하며 누군가의 도움을 받기보다는 스스로 한다는 마음가짐이 가장 중요하다. 시간이 걸리더라도 배워야 하는 것은 스스로 배우고 습득해서 타인의 도움 없이 시작하라고 말하고 싶다. 특히 포토샵과 HTML은 어느 정도 배우고 시작하라.

온라인 쇼핑몰이 비용이 많이 드는 것은 특히 초기에 사입 비용이 많이 들기 때문이다. 구색을 어느 정도 갖춰야 하므로 상품 물품 구매 비용이 만만치 않다. 그래서 다른 부분은 비용을 최소화해야 감당할 수 있을 것이다. 돈이 많으면 문제가 될 것이 없지만 돈이 많아서 쇼핑몰 사업을 하려고 하는 사람은 드물 테니 말이다.

직장에 다니면서 마켓을 시작한 사람도 아마 마음속에는 큰 꿈이 있을 것이다. 어떤 일이든 큰 비전을 그리고 시작하라고 말하고 싶다. 요즘 마켓 창업을 꿈꾸는 사람들에게 꿈은 아마도 여성 의류 쇼핑몰 '스타일난다'처럼 크게 성공하는 것이 아닐까? 주위에도 스타일난다의 소식

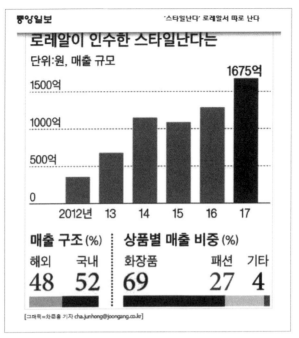

로레알이 인수한 스타일난다는

단위:원, 매출 규모

1675억

1500억

1000억

500억

0

2012년 13 14 15 16 17

매출 구조 (%)		상품별 매출 비중 (%)		
해외	국내	화장품	패션	기타
48	52	69	27	4

[그래픽=차준홍 기자 cha.junhong@joongang.co.kr]

스타일난다 관련 기사 사진

을 접하고 창업을 시작한 이들이 꽤 있으니 말이다.

세계적인 화장품 브랜드 로레알 그룹이 스타일난다의 지분을 매각했다. 스타일난다는 의류 쇼핑몰로 시작했지만 2009년에 만든 메이크업 브랜드 '쓰리컨셉아이즈3CE'가 성장을 이끌었다. 특히 중국과 동남아 등에서 큰 인기를 끌어 화장품 매출을 70%까지 끌어올린 것이 성공의 원인이다. 국내에만 머무르지 않고 해외 시장으로 일찍 눈을 돌렸던 것이 큰 도움이 되었고 대체 아이템을 계발하려는 노력을 멈추지 않았기 때문에 위기의 순간도 잘 극복할 수 있었다.

2004년, 오픈 마켓에서 시작해서 2005년, 스타일난다 사이트를 개설한 이후 하나씩 아이템을 늘려왔다. 의류에서 액세서리, 뷰티 아이템까지 종합 쇼핑몰로 만들었다. 2010년과 2011년, 해외 진출로 막대한 투자를 한 뒤 국내에서 어려움을 겪기도 했다. 그러다가 중국 시장에서 큰 수익을 내면서 위기를 극복했다. 2012년 가을에는 홍익대학교 근처에 3층 규모의 매장을 개점했다. 스타일리시하고 톡톡 튀는 감각으로 사이트에 들어오는 고객의 시선을 하나도 놓치지 않는다.

제2의 스타일난다를 꿈꾸는 사람이 늘었다. 경쟁이 치열하지만 도전해보려는 사람으로 넘쳐난다. 마켓 창업을 시작하는 사람이라면 스타일난다처럼 크게 성공하겠다는 다짐을 하는 것이 필요하다. 그저 '부럽다'는 생각에 그칠 것이 아니라 성공한 사람의 과거와 현재를 분석하면서 자신에게 부족한 부분을 채워나가야 한다.

창업을 시작하고 나서부터 매달 여러 권의 패션 잡지를 구독해서 읽었다. 그때 스타일난다의 제품을 잡지에서 많이 만났다. 연예인의 패션 화보에 자주 등장했기 때문이다. 궁금해서 사이트에 들어가 봤는데 생각보다 가격이 비싸지 않아서 놀랐고, 다양한 매체를 통해 꾸준히 홍보하고 있다는 느낌을 많이 받았다. 직접 상품을 사서 입어보기도 했다.

스타일난다는 모든 SNS에서 활발하게 활동하고 있다. 고객과 거리를 좁히기 위한 노력이 곳곳에 보인다. 사실 스타일난다와 같은 제품을 판매하고 있는 사람은 많다. 자체 제작 상품을 제외하고 말이다. 하지만 스타일난다와 같은 분위기를 느끼기는 쉽지 않다. 같은 아이템이어도 다양한 코디법을 제시해주고 다양한 모델을 통해 색다른 느낌을 전해주는 것도 참 좋았다. 모든 부분에서 큰 노력을 투입한다는 사실만은 확실했다. 자신과 콘셉트가 비슷하면서 현재 많은 성과를 얻고 있는 쇼핑몰을 찾아 그들이 어떻게 시작했고 어떤 변화를 거쳐서 어떤 노력을 기울이고 있는지 분석해야 한다. 현재 수익만을 들여다본다면 더 이상의 발전은 없을 것이다.

요즘은 연예인보다 더 영향력 있는 인플루언서의 활약이 대단하다. 자신이 판매하고 있는 채널에만 집중할 것이 아니라 스스로 영향력을 넓히기 위한 끊임없는 노력이 필요한 때이다. 경쟁은 치열하지만, 틈새시장을 제대로 노리고 전략을 세우고 어필한다면 누구나 성공의 주인공이 될 수 있다.

34세라는 젊은 나이에 화장품으로 크게 성공한 창업가가 있다. 그는 VT코스메틱 정철 대표다. 한 언론과의 인터뷰에서 그는 성공비결을 이렇게 말했다.

처음부터 이렇게 할 생각은 없었고 계획한 대로 된 것도 아닙니다. 물론 큰 회사를 키우는 것을 꿈꾸기는 했는데, 항상 할 수 있는 일을 해왔고 하루하루 치열하게 하다 보니 회사가 성장했더라고요.

이 회사는 2017년 매출액 300억 원을 돌파했고, 2018년에는 700억 원의 매출을 달성했다. 그는 2010년 화장품 제조업체와 협력해서 화장품 브랜드 VANT36.5를 창업했다. 2014년 출시한 쿠션 파운데이션이 대박을 터뜨려 크게 성장했다. 하지만 탄탄대로만 걸었던 그에게도 고비는 있었다. 처음부터 상표권 문제를 정리하지 않고 사업을 진행한 것이 화근이 되어 법원이 제조사의 손을 들어주면서 브랜드 이름을 더는 쓰지 못하게 되었다. 그동안 쌓아온 브랜드를 빼앗기고 정체성을 잃어버린 것 같아 허탈감이 컸다고 한다.

그는 경쟁이 치열한 화장품 시장에서 마케팅의 흐름을 빨리 잡았다. 품질은 기본이며, 결국 마케팅과 인식의 싸움이라고 말했다. 또 소비자가 원하는 바를 즉각적으로 응답해주기 위해 노력하는 자세가 중요하다는 것을 강조했다. 나라마다 원하는 것이 다른 만큼 나라별로 상황에 맞는 전략이 있다. 그는 스타트업 창업을 꿈꾸는 사람들에게 "지금 화장품 스타트업을 창업한다면 명확한 고객군을 정하고 전략을 세워야 생존 확률이 높고 성장할 수 있을 것이다."라고 말한다.

사람들은 성공한 사람을 바라볼 때, 현재의 모습만을 보고 부러워만 한다. 그들처럼 되려면 그들의 시작과 현재를 분석해봐야 한다. 성공한 사람이 걸어온 길이 순탄하지만은 않았다는 사실을 안다면, 힘들어도 포기하지 않고 자신의 길을 갈 용기를 얻을 수 있을 것이다.

쇼핑몰 솔루션 업체마다 창업자를 위한 교육을 운영하고 있으니 활용하면 좋다. 무료 교육을 들어보면서 어떤 업체를 선택할지 결정하는 것도 좋은 방법이다. 자신의 역량에 따라 운영하기가 더 수월한 곳을 선택해야 한다. 급하게 결정하지 않는 것이 좋다. 누군가의 도움을 받기보다는 스스로 한다는 마음가짐이 가장 중요하다. 시간이 걸리더라도 배워야 하는 것은 스스로 배우고 습득해서 타인의 도움 없이 시작하라고 말하고 싶다. 특히 포토샵과 HTML은 어느 정도 배우고 시작하라.

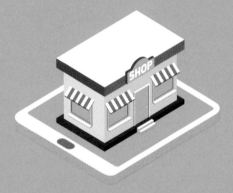

PART 4

온라인 마켓에서 승리하는 전략은 무엇일까?

당신이 추구해야할
마케팅을 뛰어넘는 그 무엇

가치가 없는 상품은 판매되지 않는다. 당신이 판매하는 상품이 고객에게 외면당한다면 상품의 가치를 높이기 위해 노력하면 된다. 고객이 어떤 상품을 선택하지 않는다면 고객의 눈으로 보기에 그만큼의 가치가 없기 때문이다.

상품이 지닌 가치는 절대적이지 않다. 누군가에게는 가치가 높다 하더라도 다른 누군가에게는 전혀 가치가 없는 상품일 수도 있다. 따라서 자신이 판매하고 있는 상품으로 만족을 얻을 수 있는 고객에 대해 늘 연구하고 다른 사람은 줄 수 없는 가치를 전달하기 위해 무엇을 해야 할지 고민해야 한다.

고객에게 상품을 소개하기 이전에 자신의 상품에 대해 스스로 감동하고 있는가는 아주 중요하다. 자신이 만족하지 않은 상품을 상대방에게 열정적으로 소개할 수 있는 사람은 어디에도 없기 때문이다. 고객은 상품을 판매하는 사람의 마음까지도 읽을 줄 안다.

주식회사 엠코르셋 문영우 회장의 기사를 읽었다. 그는 안정적인 대기업을 다니다 창업만이 살길이라는 생각에 홀로 창업했다. 16년째 여자 속옷을 만든다. 사업이 위기에 몰리면서 두 번이나 자살을 결심했지만, 다시 발길을 돌렸다고 한다. 그는 일을 통해 실제로 가치를 만들어내는 방법을 공부하기 위해서 세상의 지식이 담겨있는 책과 신문을 열심히 봐야 한다고 말한다.

기업은 가치를 만들어 내는 곳이다. 그 가치는 직원에겐 일자리를, 고객에겐 좋은 상품과 만족감을, 국가에 세금을 내는 방식으로 공유할 수 있다. 가치를 만들기 위해서는 세상의 흐름을 읽고, 세상에 널려있는 가치를 알아보는 눈이 있어야 한다.

그리고 창업을 준비하는 청년에게 해주고 싶은 말이 있다고 했다. 바로 이 말이다. "성공의 3요소는 긍정, 집요, 겸손이며, 최후의 경쟁력은 건강이라는 말을 전해주고 싶다. 어떤 일이든 마지막에 흘린 땀 한 방울이 성공을 결정짓는다는 것을 잊지 마라."

좋은 상품을 싸게 판매하거나 다양한 마케팅을 한다고 해도 그 안에 진정성이 없다면 고객은 선택하지 않는다. 더 싼 제품은 계속 쏟아지며 가격만으로 경쟁에서 우위를 점하는 시대는 끝났다. 진정성이 빠진 상품의 가치는 의미 없다.

지금은 소비자의 고민을 해결해주는 상품이 주목받는 시대다. 소비자는 어떤 고민을 하고 있는지 유심히 들여다보아야 한다. 온라인으로 옷을 구매하려는 고객은 상품이 제대로 도착할지와 고객이 생각하는 것과 같은 상품이 도착할 것인가를 늘 고민한다. 매장에서 직접 입어보고 사는 것이 아니므로 되도록 빨리 상품을 보길 원한다. 상품을 받고 나면 자신이 결제한 금액에 합당한 가치를 가진 옷인지를 판단한다. 상품에 대한 만족도, 고객을 대하는 서비스, 배송과 포장 모두가 가치를 매길 수 있는 요인이다.

자신이 판매하고 있는 상품 설명도 중요하지만, 이전에 고객이 원하는 부분, 고객이 중요하게 생각하는 부분이 어떤 것인지를 먼저 고려해보아야 한다. 이익만을 위한 마케팅은 오래가지 않지만, 가치를 위한 마케팅은 오래갈 것이다. 상품이 가지고 있는 가치를 제대로 전달해주고 과장하지 않는 것만으로도 이익을 가져다줄 것이다. '속았다'는 기분만큼 고객을 불편하게 만드는 것은 없기 때문이다.

그 어떤 것보다 가치에 중점을 두어야 하는 이유는 충성 고객을 만들어내기 위함이다. 가격이나 다른 것에 우선순위를 둔다면 고객은 더 낮은 가격을 따라 움직이게 된다. 그러나 가치에 우위를 둔다면 그 가치를 보고 그 자리를 지킬 것이다. 당신에게 고객은 일시적으로 수익을 올려주는 대상이 아니라, 가치를 따라 당신과 함께 숨 쉬는 가족 같은 존재여야 한다.

마케팅 이전에 차별화 전략 없이 고객을 잡을 수 없다. 독특한 상품을 판매한다면 '희소성'이라는 가치로 고객을 잡을 수 있다. 그렇더라도 경쟁자가 없는 아이템을 판매한다는 것은 어려운 일이다. 비슷한 상품을 판매하더라도 더 발 빠르게 소개하는 등의 차별화 전략이 필요하다. 도매 처로부터 비슷한 가격으로 물건을 받은 업체 끼리 가격 경쟁이 심해진다면 결국 서로 손해 보는 결과를 낳는다.

동대문 시장을 다니다 보면 디자인도 비슷하고 품질도 비슷한데 가격 차이가 나는 곳을 발견할 수 있다. 발품을 많이 팔았을 때, 찾을 수 있는 부분이다. 도매 처도 자금 사정과 제작 상황에 따라 상품의 도매가를 다르게 측정할 수밖에 없다. 많은 곳을 돌아보면서 좀 더 저렴하게 공급받을 수 있는 도매 처를 찾는 노력을 자꾸 한다면 가격 면에서도 경쟁력을 가질 수 있을 것이다.

고객을 대하는 태도는 비용을 들이지 않고 차별화 전략을 펼칠 수 있는 부분이다. 어쨌든 사람을 상대하는 일은 서비스가 좋아야 한다. 고객이 기억할 수 있는 이벤트를 진행하고 진심을 제대로 전하는 것만으로도 차별화할 수 있다. 꼭 돈을 많이 쓸수록 고객에게 더 많은 혜택을 줄 수 있다는 생각은 버려야 할 것이다.

무조건 수익이 먼저라는 생각보다 고객 관점에서 어떤 가치와 이익을 안겨줄 것인가를 고민해야 한다. 그 고민을 하는 모든 과정에서 사업가 마인드가 뒷받침되지 않는다면 불가능하다. 그런 의미에서 여성 창업자를 위한 책을 썼다. 네 번째 저서인《여자 사장, 성공할 수밖에!》에서 창업을 시작하면서 어떤 마인드를 가져야 하는지, 어떤 부분을 조심해야 하는지에 대해 많이 담았다.

아무리 인지도가 높은 명품 일지라도 고객의 삶을 공감하지 않고 일시적인 관심을 끌기 위한 마케팅을 펼친들 효과가 있을 리 없다. 당장 수익에만 급급해서 처음에 추구했던 가치를 포기한다면 그 브랜드의 추종자까지 놓칠 것이 분명하다. 처음부터 흔들리지 않을 가치를 좇는다면 그 마음을 고객이 모를 리 없다. 나 역시 '허스타우먼'이라는 브랜드에 담긴 소명과 비전을 실현하기 위해 책을 쓰고 강연을 하며 초보 창업자들을 위한 노력을 계속 기울일 것이다.

마케팅을 뛰어넘는 가치는, 고객을 이해하고 공감하며 사랑하는 마음에서 비롯되어야 한다는 것을 깨달아간다. 자신을 사랑하지 않는 사람은 상대방을 사랑할 마음의 여유를 가질 수 없다. 그러니 자신이 원하는 삶과 욕망에 대한 깊은 고민 없이 고객의 마음을 읽을 수 없는 것이다. 당신은 고객을 알아가기 이전에 자신을 알아가는 시간을 먼저 가져야 한다. 자신의 삶에 대해 진심으로 책임을 다한다면 고객에게 진짜 가치를 전해줄 수 있지 않을까.

고객은 상품이 아니라
이것 때문에 구매한다

지금껏 필자가 온라인으로 구매했던 상품의 가격을 합친다면 어마어마할 것이다. 크고 작은 수많은 상품을 구매하고 상품을 받을 때까지 여러 가지 고민을 했었다. 그중에서 가장 대표적인 것은 '실제로 받아도 처음 마음처럼 만족할 수 있을까?' 하는 부분이다. 그리고 '혹시나 마음에 들지 않는다면 제대로 환불을 해줄 것인가?' 하는 것에도 신경이 쓰였다. 고객의 마음도 같다고 생각한다. 고객은 나와 다르지 않다는 마음이 고객을 이해하는 첫걸음이다.

어떤 상품을 판매하든지 필자를 신뢰하는 고객이라면 그러한 걱정에서 벗어날 수 있을 것이다. 모르는 사람에게 신뢰를 준다는 것은 쉬운 일이 아니다. 하지만 사람 사이 관계에서도 그렇듯 한번 생긴 신뢰는 그것이 무너지기 전까지는 아주 큰 힘을 발휘한다. 당신은 고객에게 흔들리지 않는 믿음을 주어야 한다.

같은 상품을 구매하더라도 고객의 라이프 스타일은 모두 다르다. 성격도 살아가는 방식도 각양각색이다. 당신은 고객 한 사람 한 사람에게 매너 있는 판매자가 되어야 한다. 다시 만나고 싶은 그런 사람 말이다. 온라인상에서 소통하는 사람들은 늘어나고 있지만, 사람들의 외로움은 더 커져만 간다. 이런 사회 분위기에서 남보다 조금 더 따뜻한 마음으로 고객을 대할 수 있다면 큰 장점으로 작용할 것이 분명하다.

어떤 일이든 뛰어난 기술과 지식보다는 '그 일을 하는 사람의 인격과 태도가 훨씬 중요하다'고 일할수록 깨닫는다. 지식은 쌓으면 되고 기술은 습득하면 되지만 사람을 대하는 태도는 쉽게 만들어지지 않는다. 일을 시작할 때부터 마음가짐을 제대로 다스리지 못한다면 일을 하는 내내 문제를 일으킬 것이고 끝까지 그런 태도로 인해 좋지 않은 결과를 만들어낼 것이 분명하다. 고객은 상품뿐 아니라 상품을 사기 위해 접촉하는 판매자의 인격에도 많은 영향을 받는다는 사실을 잊어서는 안 된다.

고객을 대하는 마음에 정성을 더하면 고객은 반드시 그런 마음을 알아준다. 상품을 얼른 전달해주지 못해 전전긍긍하고 오래 기다리는 고객에 대한 미안함으로 어떻게든 합당한 보상을 해주려는 마음을 고객은 안다. 오히려 마음고생이 많았겠다고 필자를 위로하는 고객도 있었다.

사람의 마음은 아주 미묘하고 섬세하여 작은 부분이지만 크게 마음을 다칠 수도 있으며 사소한 표현이지만 큰 감동을 줄 수도 있다.

사람은 식당에서 밥 한 끼를 먹어도 식당의 분위기, 사장의 마음을 느낄 수 있다. 아들이 얼마 전부터 알 수 없는 일본 방송을 좋아했다. 바빠서 신경을 쓰지 않았는데 한 번은 같이 그 방송을 보았다. 〈고독한 미식가〉라는 프로그램으로 우리나라에서도 꽤 알려진 드라마였다. 주인공 남자가 출근 전 한 식당에서 아침을 먹는 내용이었다. 적은 양이지만 맛깔스러워 보이고 정갈하게 담긴 반찬이 눈에 들어왔다. 특히 자신의 취향에 따라 밥의 양까지 정해서 주문할 수 있다는 것이 우리나라와 매우 다르다는 생각이 들었다.

나는 식당에 가면 밥을 거의 반 이상 남긴다. 그래서 아깝다는 생각에 밥을 반만 주면 안 되냐는 말을 여러 군데 식당에서 한 적이 있다. 식당에서는 그저 남기라는 말을 할 뿐 원하는 양만큼 주는 곳은 없었다. 바쁜 점심시간에 시간을 절약하기 위해서 밥을 미리 담아놓는 곳이 대부분이기 때문이다. 방송을 보면서 고객이 원하는 사소한 것을 놓치지 않고 챙기는 식당 주인의 모습에 감동하였다. '어려운 것도 아닌데 놓치고 있는 것은 무엇일까?'를 늘 고민하는 태도가 필요하다.

가장 바람직한 마케팅은 '만족한 고객 스스로 만들어내는 것'이다. 판매자가 상품에 대한 장점을 강력하게 피력하는 것보다 돈을 주고 구매한 고객의 목소리는 다른 고객의 마음을 더 쉽게 움직일 수 있다. 진정성 있는 고객 후기가 중요한 이유다.

사실 온라인으로 마켓을 운영하는 것은 진입장벽이 낮아서 사업을 시작하는 사람 수도 많을 수밖에 없다. 그들이 가장 간과하기 쉬운 부분은 판매가 끝이라는 생각이다. 고객은 구매 전에 다양한 측면에서 비교 분석하고 구매하지만, 구매한 이후에도 구매한 상품에 관한 생각을 놓지 않는다. 자신이 구매를 잘한 것인가에 대해 끊임없이 생각한다. 생각보다 만족도가 떨어진다면 부정적으로 입소문을 낼 확률도 높다.

상품을 판매할 때는 배송이 끝이 아니라 고객과 직접 만나는 시작 지점이라고 생각해야 한다. 나는 옷을 판매할 때보다 '고객이 상품을 받은 후 얼마나 만족했을까?'에 대해 많이 생각한다. 그래서 상품 안내부터 배송, 사소한 배려 등에 더 많은 신경을 기울인다. 고객은 어떤 문제로 고민을 하고 있으며 당신은 그 문제를 어떻게 해결해줄 수 있는가를 늘 고민해야 한다.

상품, 서비스, 가격 등의 차별화를 통해 다른 마켓과는 다른 무언가를 만들어내지 못하면 고객이 금세 잊을 것이다. 다른 마켓에서와는 다른 독특한 서비스, 진정성이 묻어나는 친근한 서비스, 감동 서비스 등 자신만의 요소를 갖추어야 한다.

필자가 주로 거래하는 도매 처의 사장님은 정말 부지런하시다. 상품을 제작하고 판매하며 온라인을 통해 홍보하는 것까지 하나도 놓치지 않는 모습이다. 매일 바쁜 일상을 보내지만, 그 와중에 상품에 대한 정보를 올리고, 신상품이 출시되면 개별적으로 연락을 주기도 한다. 그런 곳에는 더 많은 관심이 가게 마련이다. 판매자가 도매에서 생산된 상품을 사고 고객을 만나는 것처럼 도매 처에서는 판매자가 고객이다. 수많은 도매 업체가 존재하기 때문에 그들 사이에서도 치열한 경쟁이 생긴다. 그들도 차별화된 무언가가 없으면 오래 유지될 수 없는 것이다.

마켓을 운영하면서 VIP 고객에 대한 정보는 상세히 기록해놓아야 한다. 자신의 기억력을 과신한 채, 필요한 정보를 머릿속에만 담으려 한다면 모두 사라질 것이다. 고객을 응대하면서 놓쳤던 부분들, 바꾸고 숙지해야 할 부분을 메모했다가 돌아보는 습관을 들인다면 좋을 것이다. 고객은 자신을 기억하는 사람을 좋아한다. 사람은 누구나 자신에게 관심을 보여주고 사소한 것조차 기억하는 사람과 더 가깝게 지내고 싶다. 메모하는 것을 습관으로 들여놓으면 정리하면서 생각지도 못했던 좋은 아이디어를 얻을 수도 있다. 판매자 가까이에 있는 고객의 마음을 들여다볼 수 있는 눈을 키운다면, 무엇을 팔든 고객의 공감을 끌어낼 수 있다고 믿는다. 신뢰를 쌓기는 힘들어도 무너지는 것은 한순간이다.

지금 이 시대는 자신의 견해가 아닌, 고객의 관점에서 생각하고 상품을 만들고 판매해야 한다. 당신이 생각하는 고객의 모습이 전부가 아니다. 고객조차 자신의 마음을 정확하게 알지는 못하는 경우도 있다. 마켓을 운영하는 사람도, 고객도 행복할 수 있다면 매개체가 되는 상품은 정말 좋은 것이다. 그런 상품을 산 고객은 충성고객이 될 것이며, 당신이 판매할 다음 상품에 대한 기대감이 생길 것이다. 고객들이 당신에게 물건을 사면서도 "감사하다."라는 말을 한다면 일을 하면서 어찌 행복하지 않을 수 있겠는가.

차별화 보다 중요한
성공의 요소

상황에 따라 태도를 달리하는 사람이 있다면 그 사람을 쉽게 신뢰할 수는 없다. 상품에 대한 믿음 역시 다르지 않다. 일관성 있는 콘셉트를 유지할 수 있는 사람이라면, 고객에게 신뢰를 줄 수 있고 콘셉트에 맞는 고객을 모을 수 있다. 힘들 때마다 주위 사람들의 의견에 마음이 흔들린다면 자기 일을 오래하기 힘들 것이다.

나 또한 맨 처음 사업을 시작했을 때, 남들처럼 저가의 옷을 판매하지 않아 충성 고객을 모으기까지 시간이 오래 걸렸다. 그렇지만 어느 순간 필자의 상품을 좋아하고 계속 입고 싶어 하는 고객이 늘어났고, 나의 선택에 확신을 가질 수 있었다. 중요한 것은 스스로에 대한 믿음이 곧 상품의 일관성에 많은 영향을 끼친다는 사실이었다. 당장 매출이 만족스럽지 않다고 변덕스러운 태도를 보인다면 고객은 멀어질 수밖에 없다. 단 한 사람의 고객이라도 본인을 믿어준다면 그 믿음으로 자신이 추구하는 가치에 집중할 힘이 필요하다.

'고객은 특정 가치를 찾아 당신을 찾아온다'는 사실을 잊어서는 안 된다. 고객이 찾아온 이유를 안다면 일관성 있는 서비스를 해야 할 책임과 의무도 있다. 상품을 자주 구매하는 고객이라면 상품을 찾을 때마다 콘셉트를 떠올리며 거기에 맞는 상품인가를 고민할 것이다. 어느 순간, 콘셉트가 달라졌다고 느껴지면 다른 곳을 찾아 떠나갈지도 모른다. 따라서 마켓의 분위기까지 일관된 콘셉트를 시각화해야 한다. 색상을 통해서도 판매자의 콘셉트가 고객에게 전달되기 때문이다. 그 마켓만의 콘셉트를 전달할 슬로건이 있다면 고객의 기억 속에 더 오래 각인될 수 있다. 그러니 고객의 감성을 자극하는 슬로건을 정해보자.

나는 '여성의 고귀한 삶을 추구하는 쇼핑몰'이라는 콘셉트에 맞게 '오늘 나를 더 사랑하기로 했다!'를 슬로건으로 정했다. 여성의 고귀한 삶을 위해 가장 먼저 우선되어야 하는 것이 바로 자신을 사랑하는 것으로 생각했기 때문이다. 사실 많은 여성이 자신을 꾸미는 데 관심을 쏟으며 살아가고 있지만 정작 자신을 사랑하는 마음은 부족하다는 것을 깨달았다. 자신을 진정으로 사랑할 줄 아는 여성이라면 더욱 고귀한 삶을 살아갈 수 있을 거라는 믿음을 기반으로 만든 슬로건이다.

자신만의 슬로건을 만들기 위해서는 다양한 업체의 슬로건을 찾아보

허스타우먼 슬로건 사진

고 분석해보는 노력이 필요하다. 우체국 쇼핑몰에 개설된 농공상 기업 관의 슬로건은 '선한 농부의 마음을 담다'이다. 요즘 10~20대 사이에서 유명해진 패션 쇼핑몰 '옥토버써드www.oct3.co.kr'는 영화에서 패션 디자인 의 영감을 얻는다. 영화의 이미지를 패션으로 풀어내는 것이다.

옥토버써드의 슬로건은 '안녕하세요How Are You'이다. 매 시즌 고객에 게 위로의 메시지를 전하겠다는 의미를 담았다. 창업 이듬해에는 중국, 일본의 유명한 편집 숍에 들어갔으며 창업 3년 만에 매출의 절반이 해외 에서 나오는 잘 나가는 쇼핑몰이 되었다. 브랜드 충성 고객이 유독 높은 이유는, 브랜드 콘셉트에 공감하는 사람들이 많기 때문이다. 이렇듯 자신만의 컬러가 담긴 콘셉트와 슬로건을 정해서 그 컬러를 잃지 않도록 노력해야 하는 것이 중요하다.

상품을 판매하다 보면 자신의 콘셉트를 잊어버리고 잡다한 상품을 판매하게 되는 경우가 있다. 다양한 상품이 존재하는 도매 시장을 돌아다니다 보면 생각지도 않았던 다양한 아이템이 눈에 들어오기 때문이다. 하지만 다양한 상품을 판매하는 것보다는 한 아이템만을 집중적으로 판매하는 것이 차라리 낫다. 시간이 지나면서 타깃 고객에게 전문적인 마켓으로 인정받을 수 있기 때문이다.

필자는 쇼핑몰을 운영하면서 책을 쓰고 코칭을 하며 강연도 한다. 따라서 더욱 쇼핑몰의 콘셉트가 생활 전반에 영향을 미친다. 강의하러 갈 때도 판매하는 상품을 위주로 입으며 일관성을 유지하기 위해 애쓴다. 관련 없는 다양한 일을 하는 것처럼 보이지만 사실은 이 모든 일이 하나로 연결되어 있다. 홀로 쇼핑몰을 창업하며 그 경험을 첫 책에 담았다. 쇼핑몰 코치로 활동하면서 나처럼 외롭게 창업을 시작하려는 사람에게 필자만의 노하우를 전달함으로써 도움을 줄 수 있다는 확신이 생겼다.

책을 쓰면서 평범한 사람에게도 자신만의 값진 스토리가 존재한다는 것을 깨달았고 다른 사람과 충분히 나눌만한 가치가 있다고 알게 되었다. 그리고 책을 쓰는 방법을 담은 책을 쓰기도 했다. 창업을 희망하는 여성을 만나면서 그들에게 필요한 것은 자존감을 먼저 끌어올리는 것이라는 것을 깨닫고 세 번째 저서는 '자존감'을 주제로 썼다. 네 번째는 '창업 마인드'에 관한 책이다. 그리고 이 책이 다섯 번째로 마켓을 준비하는 사람에게 실질적으로 도움이 되는 내용을 알리고자 했다.

쇼핑몰을 시작할 때 다짐했듯이 소외된 사람을 외면하지 않으려 애쓰고 여성이 더 나은 삶을 살아갈 수 있도록 동기 부여해 주며 창업에 도움을 주고자 노력한다. 나를 낮추고 상대방을 이해하기 위해 글을 쓰며 타인과 나의 성장을 위해 책을 쓴다. 끊임없이 성장하기 위한 노력은 모두 나의 인생을 사랑하기 때문이다.

'지금 힘겨운 상황에 부닥친 사람일지라도 용기를 잃지 않고 자신을 사랑하는 마음으로, 두려움보다는 도전하는 마음으로 살아가면 얼마나 좋을까?' 하는 생각을 늘 한다. 이런 마음을 모두 쇼핑몰의 콘셉트에 담았고 고객에게 전해주고 싶은 말을 슬로건에 담았다. 이런 부분을 염두에 두고 일상을 살아간다.

수많은 사람을 컨설팅하고 일을 이어가면서, '자신이 하고 싶은 일을 시작하고 그 일을 이어가려는 사람에게 무엇이 중요한지'에 대해 진지하게 고민해볼 수 있었다. 필자가 경험하거나 크고 작은 실수를 하면서 창업하려는 사람이 시행착오를 줄일 방법을 연구했다. 어려움에 직면한 사람이 더 많은 희망을 품고 열정을 쏟아낼 수 있다. 나도 그러했기 때문이다. 특히 남성보다는 여성에게 더 많은 장애물이 존재하기에, 힘들더라도 포기하지 않고 자기 일을 해나가기를 바라는 마음을 늘 가지고 있다.

책을 통해 필자를 만나는 사람, 강의에서 메시지를 얻는 청중, 쇼핑몰을 방문하는 고객 모두에게 필자가 전달하고자 하는 메시지는 많은 부분 일맥상통한다. 필자의 일관된 생각, 행동 모두 다른 일처럼 보이는 다양한 일에서 하나의 핵심 가치를 담고 있다.

일관된 콘셉트는 고객과의 약속이다. 획기적인 이벤트를 진행해서 많은 사람을 끌어들이고 큰 수익을 낸 후 고객을 외면하는 사례가 종종 있다. 고객이 가진 신뢰를 악용해서 자신의 이익만을 챙기는 사람도 있다. 거창한 콘셉트, 광고로 사람을 유인할 수 있을지는 몰라도 사람을 지켜내는 것은 진정성 있는 가치를 실천하는 마음이다. 자기 일을 해나가는 사람에게 자신의 고객을 실망시키지 않는 일이 가장 중요하다.

고객의 마음은 늘 변하고 있으며 그 욕구를 알아가는 과정은 힘들지만, 자신만의 기준이 없다면 수많은 유혹 앞에서 흔들리게 될 것이다. 자신이 추구하는 가치를 잃지 않고 일을 하기 위해서는 자신이 정한 콘셉트를 고객에게 일관성 있게 어필해야 한다. 자연스럽게 고객의 기억 속에 포지셔닝 하다 보면 언젠가는 자신의 브랜드를 세상에 널리 알릴 것이다.

SNS 마케팅으로
고객과 소통하는 법

이제는 모바일 쇼핑이 인터넷 쇼핑몰 시장을 이끄는 만큼 휴대전화로 소통이 활발히 이루어지고 있는 SNS 마케팅을 무시하고서는 성공할 수 없다. 쇼핑몰도 모바일 버전에 더더욱 신경 써서 관리해야 한다.

많은 이들이 SNS에 자신의 일상과 관심사를 올린다. 이를 보면 그 사람에 대해 어느 정도 파악할 수 있다. 어떤 삶의 방식으로 어떤 생각을 하면서 살아가는지 조금은 알 수 있는데, 사진 한 장으로도 알 수 있고 그 사람이 쓴 글 안에도 생각이 담겨 있기 때문이다. 사람들과 진심으로 소통하고자 하는지, 자신이 가진 것을 드러내는 삶을 중요하게 생각하는지 어느 정도 파악할 수 있다.

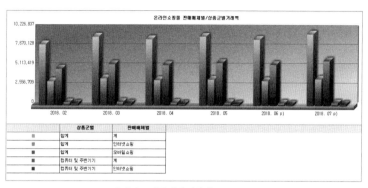

온라인 쇼핑몰 판매 매체별(통계청 자료)

SNS를 통해 상품을 홍보하거나 자신을 알릴 때, 좀 더 신중히 처리해야 한다. 정보를 공유하고 확산시키는 일이 쉬운 만큼 부정적인 요소들은 더 빠르게 전파되기 때문이다. 보기에 거북하거나 긍정적인 감정을 일으키기 힘든 콘텐츠를 지속해서 올리면, 사람들의 거부반응도 순식간에 공유될 수 있다.

자신이 원하는 콘텐츠에 집중하기보다는 다양한 사람과 소통하면서 그들이 원하는 콘텐츠는 무엇인지 파악하는 눈을 키워야 한다. 다른 이들의 감성을 자극하고 긍정적인 반응을 일으킬 수 있는 것에 대해 고민해본다. 고객은 유익하거나 재미있고 희귀한 정보를 찾기를 원하지만, 상품 정보를 강제적으로 주입하는 데 거부감이 있다. 너무 많은 정보를 제공하기보다는 고객과 소통하면서 가끔 자세한 정보를 제공하는 것이 현명하다. 고객에게 배우려는 자세를 가져야 하고 그들의 말에 귀 기울여야 더 나은 서비스를 할 수 있다.

요즘은 작고 개성 있는 인디 브랜드Indie Brand의 활약이 눈부시다. 영국은 메이크업 아티스트, 가수 등 소셜 미디어의 혁신자가 운영하는 인디 브랜드가 뷰티 산업을 바꾸고 있다. 한국 역시 대기업의 국내 화장품 시장 점유율은 줄어들고 중소 브랜드의 점유율이 높아지는 추세다. '에이프릴 스킨www.aprilskin.com'은 페이스북 동영상 광고가 SNS에서 입소문을 타면서 창업 3년 만에 650억 원의 매출을 올렸다. '파파레서피www.paparecipe.com'는 마스크 팩 단일 품목 하나로 대박이 나면서 2014년 출시 이후 5억 장의 누적 판매량을 기록했다. 그밖에도 엄청난 팔로워를 보유한 인플루언서가 설립한 뷰티 브랜드도 있다.

동영상 콘텐츠를 기반으로 한 인플루언서의 영향력은 더욱 커질 전망이다. 아모레퍼시픽 광고에 출연한 뷰티 크리에이터 이사배는 유튜브에 동영상을 올린 지 3년 만에 180만 명이 넘는 구독자를 모았다. 이제는 대기업에서도 유명 연예인보다 많은 팔로워를 확보한 인플루언서들에게 더 큰 매력을 느끼고 있다. 평범한 일반인에서 시작해서 지금은 유명인 못지않은 영향력을 끼치게 되었다는 점에서 누구나 기회를 가질 수 있다는 희망을 안겨준다.

마켓을 운영하는 사람이라면 직접 유튜브를 운영하면서 팔로워를 모으려 노력하는 것이 좋다. 자신이 할 수 없다면 인플루언서들의 힘을 빌려보는 것도 좋은 방법이다. 이제는 SNS상에서 다양한 경험을 주저하지 말아야 하며 적극적으로 활용하기 위해 힘써야 한다.

요즘은 소비자들이 대기업 제품이 아니더라도 특별한 기능이나 스토리가 있는 제품이라면 큰 관심을 보인다. 이처럼 지금의 미디어 환경은 유명한 브랜드가 아니더라도 충분히 상품을 홍보하고 대박을 터뜨릴 수 있는 구조가 되었다. 그래서 더욱 더 창업을 한 이들에게 SNS 마케팅이 얼마나 중요한지를 말해준다. 단지 대기업이라서, 연예인이라서 대박이 나는 시대가 아니다. 소비자의 관심을 끌 만한 특별한 무언가가 있으면 된다.

마켓을 운영하는 사람은 입소문 효과를 높이기 위해 사람들이 자신의 SNS에 공유하고 싶은 콘텐츠를 계속 만들어가야 한다. SNS 마케팅과 함께 오프라인으로 고객과 직접 만나서 대화할 기회를 마련하고 진행해야 한다. 온라인상에서 이벤트는 어떻게 기획하느냐에 따라 좋은 성과를 얻을 수 있다. 오프라인을 통한 좋은 이벤트는 일시적이지 않은 충성 고객과 팬을 만들어낼 수 있으며, 오프라인에서의 입소문은 더욱더 빠르게 전파되고 SNS로의 확산에도 많은 영향을 줄 것이다. 그러니 무조건 SNS 마케팅만을 고집해서는 안 되며, 더 넓은 시야로 세상을 넓힐 필요가 있다.

아직 꽤 영향력 있는 매체, 블로그

지방에서 식당 오픈 예정인 한 독자분에게서 연락이 왔다. 식당을 홍보하기 위해서 온라인 광고를 하려고 계획했는데 우연히 필자의 책을 읽어보았다는 것이다. 블로그가 없지만, 홍보에 도움이 될 것 같아서 활용을 해봐야겠다고 결심했다고 한다. 블로그 운영하는 법을 전혀 몰라서 필자의 도움을 얻고 싶다는 것이었다. 책을 읽기 전에는 돈을 들여서 광고하려고 생각하고 있었는데 생각이 달라졌다고 했다.

블로그의 영향력이 예전보다 줄어들었다고는 해도 아직 그 어떤 매체보다 독보적인 영향력이 있다. 사람들이 어떤 상품에 대해 궁금하거나 사려고 할 때, 가장 많이 살펴보는 곳이 바로 블로그다. 블로그를 운영하다 보니, 다른 SNS와 아주 다르다는 점을 알게 되었다.

좋은 소식이 있거나 일상을 공유하고 좋은 글을 올리고 싶을 때, 블로그를 가장 많이 활용한다. 블로그는 다양한 측면에서 필자에게 의미 있는 공간이다. 필자의 생각을 올리고 사람들과 소통하기도 하며, 일과 관련해서도 이웃에게 소식을 전해준다. 나 역시 정보가 많이 필요할 때 블로그를 가장 많이 검색하는 데 다양한 분야의 전문가를 만날 수 있어서 좋다.

블로그를 끈기 있게 열심히 운영하는 사람에게는 많은 혜택이 돌아간다. 영향력 있는 블로거는 콘텐츠를 올릴 때마다 다수의 반응을 끌어낼 수 있다. 제품 홍보를 위해 이러한 블로거에게 도움을 받는 사람이 정말 많다. 가구점을 운영하는 K 씨는 영향력 있는 블로거를 통해서 꾸준히 가구점을 홍보한다. 블로그를 보고 가구점에 방문하는 고객이 많기 때문이다. 블로그를 활용하다가 잠시 쉬었을 때, 방문자가 확연히 줄어드는 것을 보고 다시 블로그에 신경 쓰기 시작했다. 이처럼 블로그의 영향력은 어마어마하다.

그래서 사업을 하든, 교육을 하든, 취미가 목적이든 상관없이 블로그를 운영한다면 개인의 성장에도 많은 도움이 된다. 블로그는 포트폴리오가 되며, 팬을 확보할 수 있는 아주 좋은 공간이다.

단기적으로 큰 효과를 바라기 힘든 매체여서 꾸준히 운영하는 것이 답이다. 그래서 꾸준한 블로그 운영만으로도 많은 사람에게 좋은 평가를 받는다. 블로그에 사진을 올리고 글을 쓰면 사진 촬영과 글쓰기 실력이 향상되는 긍정적인 효과를 불러온다.

상품을 판매하는 개인 사이트가 있더라도 블로그를 운영하는 것이 좋다. 사람과 소통하고 진정성 있는 정보를 올리면서 자연스럽게 자신이 하는 일까지 홍보할 수 있기 때문이다. 마켓을 운영하려고 하는 사람이라면 필수로 블로그를 해야 한다. 마켓 준비부터 운영하는 과정까지 블로그에 담아보면 좋다. 열심히 준비하고 일상에 온 힘을 다하며 살아가는 모습을 많은 사람과 공유할 수 있다면, 마켓에도 긍정적인 효과가 있을 것이다.

'어떤 일도 쉬운 것은 없다'는 생각이 요즘 참 많이 든다. 대단한 블로거, 인플루언서를 들여다보면 단기간에 그렇게 된 사람은 없었다. 그렇다고 지금 시작해서 그들처럼 되지 못할 것이라는 섣부른 실망은 하지 않았으면 한다. 누구나 처음은 있다는 생각이 얼마나 많은 성장을 가져오는지 잘 안다. 블로그를 운영하고 SNS를 하는 데도 용기와 자신감이 필요하다. 다른 사람의 콘텐츠를 보고 자신감을 잃어버리거나 시작도 하기 전에 두려워하는 사람도 많다.

자신의 삶에 자신감이 없다면 행복할 수도, 자기 일을 꾸준히 해나갈 수도 없다. 그래서 창업을 위해 나를 찾아오는 사람에게 스스로 끌어올려야 하는 자신감에 대해 많은 이야기를 전해준다. 어쩌면 지식보다, 가지고 있는 능력보다 중요한 것은 '포기하지 않는 마음 자세'가 아닐까 싶다. 어떤 환경에서도 중요한 것은 자신을 넘어서는 힘이기 때문이다.

블로그 이웃과 소통하다 보니 세상에는 참 여러 가지 분야에 다양한 일이 존재하고, 다양한 생각이 있다는 것을 깨달았다. 저마다 일상에서 크고 작은 행복을 누리며 노력하며 살고 있다. 요즘은 뭐든 혼자서 하는 것이 자연스러운 사회 분위기다. 그런데도 사람들은 늘 소외될까 두렵고 홀로 있는 것이 마음 편하지만은 않다. 그래서 블로그로 소통하는 것에 큰 의미를 두는 것 같다. 일부러 소수한테만 연락하며 일상을 공유하는 사람이 많다. 많은 친구는 부담스럽지만 힘들지 않게 소식을 전하며 대화를 나눌 수 있는 사람과의 소통은 행복감을 주기 때문이다.

'상품을 판다'는 것은 자신의 마음을 판매하는 것과 다르지 않다. 사람을 설득하는 과정에서 당신은 진정성 있는 태도를 보여주어야 한다. 좋은 마음으로 파는 사람의 상품은 좋은 상품일 것이라는 기대를 하게 한다. 더욱더 외롭고 더 힘겨운 세상에서 마지막까지 잃지 말아야 할 것이 바로 사람을 대하는 따뜻한 마음이 아닐까 한다. 그런 마음이 꼭 얼굴을 마주 봐야만 전달된다고 생각하지 않는다.

블로그는 페이스북, 카카오스토리, 밴드 등과 연동이 되어 콘텐츠 허브 역할을 할 수 있다는 큰 장점이 있다. 검색 면에서 가장 유리하며 별도의 광고비를 쓰지 않아도 노출할 수 있어서 마켓을 하는 사람이라면 소비자와 연결될 수 있는 가장 좋은 매체라고 할 수 있다. SNS 채널을 운영하더라도 블로그는 무조건 하라고 말하고 싶다. 단기적인 노력이 아닌, 장기적인 노력으로 브랜딩하기 위해 치열한 노력을 해야 하는 곳이 블로그다.

블로그를 운영하면서 필자가 운영하는 네이버 카페 〈쇼핑몰 브랜딩 연구소〉로 들어올 수 있도록 연결을 해놓았다. 필자에 대해 알고 블로그에 들어오는 사람 중 10명에 1명 꼴로 카페에 들어와 가입한다. 카페에는 쇼핑몰 창업을 준비하는 회원이 함께 소통하는 공간이다. 이처럼 블로그는 다양한 채널로 통할 수 있는 넓은 통로와 같다. 블로그에서 카페로 팬을 모으는 노력도 도움이 될 것이다. 카페는 운영하고 키워내는 것이 그 어떤 매체보다 어렵지만, 제대로 운영했을 때는 큰 수익을 올릴 수 있다. 짧은 시간 안에 결과물을 얻으려고 하는 사람이라면 절대 잘할 수 없다. 잘 관리하여 발전시킨 카페를 통해 큰 수익을 올리는 곳이 생각보다 많다. 그만큼 노력과 시간이 투입되어야 하는 것이 카페이기 때문에 꾸준히 운영하면서 회원과 소통하기 위해 노력해야 한다.

SNS를 마치 유행을 따라가듯 해서는 안 된다. 얼마나 오래 가고 유기적으로 잘 연결하는지가 중요하다. 온라인상에서 자신을 알리고 자신이 판매하는 제품과 서비스를 많은 사람에게 전하고 싶은 사람에게 블로그는 필수 매체다. 긴 호흡으로 나만의 콘텐츠로 사람들과 끊임없이 소통하려는 노력을 이어간다면 언젠가는 목표하는 지점에 도착할 것이다.

고객들과의 소통 창구로 제격인 인스타그램

세 번째 저서를 출간하고 인스타그램 라이브 방송에서 독자들과 소통해 보았다. 친한 동생이 인스타그램 라이브 방송을 자주 진행했었는데, 하루는 필자의 책을 소개하는 방송을 했다. 방송이 끝나기 20분 전에 방송을 보는 사람들의 질문에 댓글로 답을 해주는 짧은 시간을 가졌다. 방송을 시청한 사람들 중 몇 명은 얼마 후 진행한 토크 콘서트에도 와주었다. 라이브 방송을 통해 내 책에 관심이 있는 이들과 직접 소통하면서 라이브 방송에 대한 큰 매력을 느낄 수 있었다. 이처럼 라이브 방송을 하는 사람이 빠르게 느는 분위기다.

인스타그램에서 가끔 이벤트를 진행하는데, 생각보다 반응이 좋다. 책 출간 후 기대 평을 댓글로 달아주는 사람 중 몇 명을 선정하여 저서를 보내주는 이벤트를 진행했다. 댓글로 창업을 희망하는 사람이 얼마나 많은지, 어떤 고민을 하는지 알 수 있었다. 내가 하고 싶은 말만 하는 것이 아니라, 사람들이 스스로 하고 싶은 말을 할 수 있도록 주제를 던져주면 관심이 있는 사람은 알아서 찾아온다.

그리고 리포스트^{리그램}을 통해 자신의 피드에 게시물을 올려주면서 더 많은 사람에게 이벤트 소식을 빠르게 전할 수 있어서 인스타그램의 파급 효과가 엄청나다는 것을 다시 한번 깨달았다. 창업에 관심이 있는 주위 사람을 태그함으로써 관심을 유도하는 효과까지 끌어냈다.

이처럼 비싼 광고비를 들이지 않고도 자신이 판매하는 상품과 서비스를 열정적으로 공유해줄 사람은 얼마든지 있다. 어떤 매체로 하는 이벤트보다 반응이 좋고 참여하는 사람의 진정성이 느껴진다. 진행하는 사람도 참여하는 사람도 크게 만족한다. 이벤트로 본인이 원하는 해시태그 개수를 빠르게 늘릴 수 있다는 큰 장점이 있다.

인스타그램을 운영하고 사람들과 소통하면서 필자를 몰랐던 사람이 필자에 대해 더 자세히 알 기회를 마련한다. 어떤 이벤트를 진행하느냐에 따라서 더 깊이 있는 소통도 가능하다. 자신을 빠르게 브랜딩하기 위해서는 인스타그램은 무조건 해야 한다는 생각이다.

인스타그램의 최대 장점은 모바일 기기에 최적화되어 있다는 점이다. 사진 한 장만으로도 세상과 연결되고 소통할 수 있다. 해시태그 분석을 통해서 소비자의 니즈를 파악할 수 있다는 큰 장점이 있으므로 마켓을 운영하는 사람이라면 함께 운영하는 것이 좋다. 사람들은 관심이 있는 것에 해시태그를 사용하기 때문에 잠재 고객을 해시태그 검색을 통해 모을 수 있다. 기업이 진행하는 마케팅을 유심히 살펴보고 벤치마킹을 한다면 생각지도 못한 아이디어를 얻을 수도 있다.

인스타그램은 누구나 쉽게 사진과 글을 올리고 공유할 수 있다. 그러나 명확한 목표를 정하고 거기에 맞게 꾸준히 운영하는 것은 생각처럼 쉽지 않다. 인스타그램은 운영하는 목표를 우선 정하고 전 세계에 존재하는 수많은 사람과 어떤 것을 공유하고 어떤 메시지를 전해줄지 먼저 생각해야 한다. 일상에서 자신의 라이프 스타일을 나누고 사람들에게 아이디어를 제공하는 것이 목표인지, 상품을 홍보하고 판매하는 것이 목표인지 말이다. 그 밖에도 브랜드 인지도 증대, 기업 문화 홍보, 고객

참여 및 충성도 증대, 이벤트 경험 향상, 기업 소식 공유 등의 목적이 있을 것이다.

자신에게 맞는 목적성을 가지고 처음부터 제대로 계획하고 일관성 있는 콘텐츠를 올리면 좋다. 활성화하기 위해 포스팅 빈도수를 결정하고 스케줄을 작성해야 한다. 사람들이 많이 사용하고 있는 해시태그를 먼저 조사하고 활용해야 한다. 활용하기 좋은 해시태그 리스트를 작성해서 콘텐츠를 올릴 때마다 적용해보자. 자신의 브랜드 콘셉트에 맞는 일관성 있는 사진을 꾸준히 올리는 것도 필요하다. 창의력이 있는지, 매력이 있는지는 사람들의 반응을 통해 자연스럽게 알게 된다. 계속 모니터링하고 결과를 분석해야 한다.

요즘은 인스타그램에서 유명한 인플루언서는 대기업으로부터 제품을 협찬받고 제품 사진이나 동영상을 올리는 경우가 많다. 이때도 자신이 하는 일의 목표와 맞는지, 정말 제품에 확신이 있고 좋아서 하는지 정도는 고민하고 해야 한다. 그저 돈이나 상품을 받고 광고하는 사람이라는 이미지를 팔로워에게 심어주어서는 안 될 것이다. 인스타그램을 통해 자신의 삶을 기록하는 것, 돈을 버는 것, 취미생활을 공유하는 것 모두 가능하다. 어떤 목적이든 스스로 가치 있는 의미를 두길 바란다. 즐기는 일에는 더 많은 보상과 기회가 따른다. SNS에 올리는 모든 사진은 그 순간 자신의 진심이 담겨있어야 하며, 자신이 말하고자 하는 바를 느낌으로 전달할 수 있다면 좋을 것이다.

인스타그램에서 상품을 홍보하고자 할 때는 일상생활과 적극적으로 매칭이 필요하다. 자연스럽게 노출하는 것이 거부감이 적다. 상품과 관련 없는 다양한 일상을 번갈아가면서 올려주어야 소통이 원활하게 이루어질 수 있다. 상품 사진만 올린다면 자신의 인스타그램을 들여다보고 싶어 하는 사람이 자연이 줄어들 수밖에 없다. 고객의 후기를 다른 사람과 공유함으로써 공감을 얻을 확률이 훨씬 높다.

기업가이자 작가, 세스 고딘Seth W. Godin이 한 말을 당신에게 들려주고 싶다.

사람들은 당신이 말하는 것을 전혀 믿지 않는다. 그들은 당신이 보여주는 것에도 좀처럼 믿음을 주지 않는다. 하지만 사람들은 가끔 그의 친구가 말하는 것은 믿는다. 그리고 자기 자신이 하는 말은 항상 신뢰한다. 그러므로 리더가 해야 할 일은, 사람들이 말해주는 스토리를 다른 사람들에게 들려주는 것이다. 미래에 대한, 변화에 대한 스토리를 말이다.

인스타그램을 운영하면서 다양한 소식을 공유하고 어떤 이벤트를 진행할까를 고민한다. 어떤 주제로 소통하는 것이 더 많은 사람과 공감할 수 있을지를 늘 생각한다. 짧은 순간, 당신의 진심을 제대로 담아 전달하는 것이 바로 SNS 세상에서 가져야 할 능력이다. 당신의 관점이 아니라 고객의 관점에서 세상을 들여다보아야 한다.

인스타그램은 해시태그로 검색할 수 있기 때문에 필자가 만들어낸 해

허스타우먼 인스타그램

시태그를 얼마나 많은 사람이 사용하고 있는지 확인도 가능하다. 나의 저서와 쇼핑몰 이름을 해시태그로 달면서 여기에 관심이 있는 사람을 해시태그 검색으로 만난다. 책을 통해서 지금까지 좋은 인연을 이어가는 인플루언서가 있다. 이처럼 인스타그램은 얼굴을 보지 않더라도 관심사가 비슷한 사람을 묶어주는 역할을 한다.

타깃 고객을 찾는 것도 유리하기 때문에 다양한 해시태그를 조사하고 알아가는 노력이 필요하다. 너무 많은 사람이 사용하는 해시태그만을 고집할 필요는 없다. 노출될 확률이 그만큼 떨어지기 때문이다. 적은 수의 해시태그에도 관심을 두고 본인이 이벤트나 브랜딩을 위해 해시태그를 만들고 늘려가는 노력도 필요하다.

어쩌면 팔로워를 늘려가는 노력은 노동에 가까울지도 모르겠다. 좋은 콘텐츠를 올리기만 한다고 해서 팔로워가 늘지는 않는다. 먼저 다가가서 관심을 보이는 노력이 필요하다. '맞팔'이라는 해시태그로 게시글을 올리고 같은 해시태그를 단 사람을 찾아가며 팔로워 신청을 하더라도 10명 중 1명 정도만 당신의 인스타그램에 찾아와 '맞팔한다'고 보면된다. 그만큼 당신이 원하는 팔로워 수를 만들기 위해서는 생각하는 것보다 10배의 노력이 필요하다.

필자 역시 어느 정도 인스타그램을 운영하다 보니 서로 '좋아요'를 눌러주고 이벤트가 있으면 관심을 두는 사람이 늘어난다. 얼굴을 한 번도 본 적은 없지만, 서로에게 관심이 있다는 사실만으로도 마음이 전해지는 것 같고 늘 감사하다. 이런 점이 SNS의 가장 큰 장점이 아닐까 한다.

진정한 인맥을 만들기 좋은 SNS 페이스북

나의 경우 어떤 SNS보다 적극적인 친구가 많이 포진해 있는 곳이 바로 페이스북이다. 페이스북에 글을 올리면 반응이 곧장 온다. 필자와 소통하는 사람을 위주로 보여주기 때문에 더 그런 것 같다. 그래서 좋은 소식이 있으면 페이스북에 먼저 소식을 올린다. 친구들은 댓글로 축하해주고 공유해서 자신의 친구에게도 소식을 알려준다.

페이스북의 가장 큰 장점은 개인의 성향을 분석하기에 가장 유리하다는 점이다. 어떤 사람으로 친구를 맺는가는 사업을 하는 사람에게 아주 중요하다. 페이스북은 자신이 친구로 맺은 사람과 팔로워에게 광고하는 형태다. 잠재 고객이 될 수 있는 사람이 많을수록 광고 효과가 더 좋다. 또 유료 광고를 통해 더 폭넓은 광고도 가능하다.

예를 들어 자동차를 판매하는 사람이라면 자동차에 가장 많은 관심이 있는 30~50대 남자에게 광고하는 것이 유리하다. 고객이 될 만한 사람을 분석하고 어디에서 많은 활동을 하는지 알아야 한다. 친구를 맺을 때도 이런 부분을 염두에 두고 맺는다면 글이나 사진, 영상을 하나 올려도 판매에 더 많은 영향을 줄 수 있을 것이다. 페이스북은 최대 5000명까지 친구를 만들 수 있고 팔로워 수는 무한대이다. 팔로워를 늘리기 위해서는 콘텐츠가 중요하다. 재미있고 흥미로우며 볼만한 내용으로 채우면 관심이 있는 사람들이 받아보고 싶어 한다. 좋은 정보가 많이 있을 때, 팔로워의 수를 많이 늘릴 수 있다.

블로그와 마찬가지로 페이스북도 꾸준히 써야 자신이 만든 콘텐츠가 노출에 유리해진다. 반응이 좋으면 좋을수록 더 효과적으로 노출되는 구조다. 페이스북에서 반응을 많이 끌어내기 위해서는 반응이 좋은 콘텐츠를 분석할 필요가 있다. 사람 얼굴이나 보석과 같이 빛이 나는 것, 아기, 애완동물 등에 사람들이 반응을 주로 하는 편이다. 블로그는 글로 잘 풀어서 설득하는 것이 유리하지만 SNS는 다르다. 몇 초에 승부를 거는 공간이기 때문에 사람들이 어떤 콘텐츠에 반응하고 좋아하는지 꾸준히 연구해야 한다.

글과 사진과 영상으로 제대로 된 콘텐츠를 만들면 더 많은 사람이 자신의 페이스북에 들어오게 될 것이다. 글을 올릴 때는 해시태그를 써서 올리면 더 효과적이다. 페이스북은 크게 3가지 영역으로 나뉜다. 개인계정, 페이지, 그룹이다. 개인계정은 하나의 계정만 가능하다. 페이지는 여러 명의 관리자를 둘 수 있으며 상점처럼 활용할 수 있다. 그룹은 동호회 형태로 운영된다.

블로그에 글을 작성하면 페이스북으로 공유한다. 페이스북 친구가 블로그에 들어와 글을 읽을 수 있도록 유도하기 위해서다. 블로그의 방문자를 늘리기 위해서는 자신이 운영하는 SNS와의 연결성을 늘 생각해야 한다.

페이스북은 블로그와는 성격이 다르다. 블로그에서는 장문을 써야 사람들이 더 유효하다 느끼지만, 페이스북에서는 그렇지 않다. 너무 긴 글은 잘 읽지 않으며 사진, 짧은 동영상이 오히려 반응이 좋다. 감성적이고 진정성을 느낄 수 있는 사진 한 장이 더 많은 호응을 얻을 수도 있다. 평소에 인간적인 교감이 이루어져 있다면 당신이 콘텐츠를 올릴 때 많은 사람이 '좋아요'를 눌러주고 댓글을 달아줄 것이다.

마케팅 효과를 누리기 위해 페이스북을 운영한다면, 자신의 목표를 잊지 말아야 한다. 평범한 일상 소식보다는 남과 다른 콘텐츠를 늘 연구해야 한다. 자신의 전문성을 살릴 수 있는 사진과 글을 활용해서 목표에 맞게 기획하고 운영한다. 그저 한 번 웃고 지나갈 것인지, 나에 대해 더 알고 싶게 만들 것인지는 자신의 노력에 달려있다는 것을 잊지 말자.

대세가 된 영상 매체, 유튜브

최근 유튜브의 영향력을 다시 한 번 확인했다. 52년째 농기구 '호미'를 만들고 있는 영주대장간 석노기 씨의 이야기를 소개하는 뉴스를 접했기 때문이었다. 정원을 가꾸는 방법을 소개하는 유튜브에 등장하면서 세계적 온라인 쇼핑몰 '아마존'에서 대박을 터트린 사례다. 3달 새 1000개를 수출했다.

아마존 원예용품 '톱10'에 '영주대장간 호미Youngju Daejanggan Ho-mi라고 당당하게 이름을 올렸다. 호미는 일반적인 삽과는 달리 'ㄱ'역자 모양으로 꺾여 손목에 힘을 많이 주지 않고도 사용할 수 있어 미국에서 인기다. 14세 때부터 대장장이 삶을 시작한 그는 후계자를 찾고 싶었지만 젊은 일꾼이 없어 포기한 상태였다. 하지만 아마존 대박 후 호미 제작 기술을 배우고 싶다는 청년들이 늘어났다고 한다.

유튜브의 영향력이 빠른 속도로 커진다. 제품에 관한 것이든, 배우고 싶은 것에 대해서든 누구나 쉽게 모바일 기기로 검색할 수 있기 때문이다. 11세가 된 아들은 유튜브 크리에이터다. 이름만 들어도 다 아는 유명한 크리에이터가 되기 위해 꾸준히 콘텐츠를 올린다. 하루는 유튜브 편집하는 방법이 궁금하다고 이리저리 동영상을 검색하더니 하루 만에 편집 기술을 익혔다. 유튜브 동영상을 검색해서 말이다. 이렇게 어린 아이도 쉽게 따라 하고 배울 수 있는 좋은 정보를 제공하는 매체가 바로 유튜브다. 요즘은 유명인이 아니더라도 일반인이 제품을 사용하는 방법을 소개하거나 사용한 후기를 올린 동영상이 인기다. 직접 사용해보고 진정성 있게 올린 콘텐츠가 더욱 공감이 가기 때문이다. 나도 써보고 싶다는 마음이 자연스럽게 생긴다.

마켓을 운영하든 다른 자영업을 하든 작은 기업이 대기업처럼 광고비에 많은 돈을 투자하기란 쉽지 않다. 자신이 판매하는 제품과 서비스를 홍보하기가 쉽지 않다고 해서 그냥 손 놓고 있을 수는 없다. 현재 수억 원대의 유튜브 수입을 올리는 사람들은 공통점이 있다. 어설프더라도 그냥 시작했다는 점이다. 그리고 매일 동영상을 올리면서 사람들에게 신뢰를 얻었고 팬층을 확보했다. 어떤 것도 꾸준한 노력과 인내 없이 불가능하다. 매일 짧더라도 동영상을 올리기 위해서는 유튜브 운영에 대한 부담감이 없어야 하며 자신이 진정으로 좋아하는 주제로 시작해야 한다. 그리고 편집 기술 등 완벽하게 익히고 시작하겠다는 결심보다는 부족하더라도 일단 시작하겠다는 마음이 필요하다.

아들 역시 휴대전화로 정말 어설프게 동영상을 올리기 시작했지만,

자신이 무척 좋아해서 재밌어서 즐겁게 찍어 올리다 보니 구독자가 생각보다 빠르게 늘어났다. 보는 사람은 찍는 사람이 정말 즐기면서 하는 것인지 금방 알아차린다. 매일 유명한 크리에이터의 유튜브 채널을 벤치마킹하며 아이디어를 고민하고 연구하는 모습을 보고 있으면 웃음이 절로 나온다. 필자가 봤을 때는 별로 재미가 없는데 자신은 깔깔거리면서 잘 찍은 것 같다고 말할 때가 많다. 또래 아이들에게 큰 호응이 있는 걸 보니 자신의 콘텐츠를 누가 볼 것인가를 분석해야 한다는 생각이 들었다.

지금의 트렌드는 텍스트를 넘어 이미지와 동영상이 중심이 되고 있다. 쉽게 공유할 수 있어서 파급 효과는 상상 그 이상이다. 필자 역시 책을 쓰고 강의하면서 쇼핑몰을 운영해왔기 때문에 유튜브를 운영할 엄두가 나지 않았다. 필요성을 느낀 지는 1년이 넘었는데 이제는 미룰 수 없겠다는 생각이 들어 드디어 '허스타우먼 허지영 TV'라는 채널을 만들었다. 창업과 자존감, 스타일 등을 주제로 많은 정보를 제공하고자 한다. 책이나 자신만의 콘텐츠가 이미 있는 사람은 아마 조금은 더 유리할 것이다. 유튜브는 자신의 또 다른 잠재력을 발견할 좋은 기회를 마련해주는 매체가 아닐까 한다.

주위에도 유튜브를 운영하는 사람이 꽤 있다. 매주 부지런히 콘텐츠를 제작하고 편집해서 올리는 사람은 구독자가 늘었다. 그렇지만 간헐적으로 올리고 관리하지 않는 사람은 그렇지 않았다. 무엇을 시작하든 계속한다는 것이 얼마나 어려운지 잘 알 것이다. 블로그와 마찬가지로 유튜브 역시 꾸준히 콘텐츠를 만들어 사람들에게 유용한 정보, 재미와 흥미를 줄 수 있다면 구독하고자 하는 사람이 늘어날 것이다. 자신의 유튜브 계정의 이름에 맞는 주제 하나로 콘텐츠를 올리면서 사람들과 소통하는 것이 중요하다.

인스타그램과 함께 급성장하고 있는 채널이 바로 유튜브다. 예전에는 유용한 콘텐츠를 검색할 때 블로그에 의존하는 경향이 많았지만, 지금은 유튜브를 통해서도 많은 정보를 얻을 수 있다. 유용한 정보가 많고 동영상으로 보면 이해가 훨씬 빠르기 때문이다. 초등학생이 휴대전화로 가장 많이 보는 채널이 바로 유튜브다. 보는 것에 그치지 않고 대다수가 자신이 좋아하는 것에 대한 영상을 찍어서 채널에 올리고 있다. 연예인 못지않게 유명한 크리에이터를 따라 하고 기회가 되면 얼굴을 보기 위해 적극적으로 행사에 참여하기도 한다.

이제는 1인 미디어형 기업이 되기 위해 노력해야 한다. 자신만의 콘텐츠와 컬러로 팬층을 확보한다면 기업과 연결되어 많은 수익을 발생시킬 수도 있다. 지금은 연예인만 몸값을 높일 수 있는 시대가 아니다. 일반인도 자신의 노력 여하에 따라 충분히 자신이 원하는 만큼 몸값을 올릴 수 있는 시대다. 온라인상에서는 누구나 동등하다. 얼마나 자신을 잘 알고, 자신의 차별화된 능력을 키워내느냐에 따라 삶을 바꿀 수 있는 세상이다. 용기를 내어 도전해보자.

팔지 않고 팔리게 하는
글쓰기 전략이란 무엇일까

글은 말보다 강한 힘이 있으며 훨씬 설득력이 있다. 누구나 글을 통해 자신의 의견을 상대방에게 표현하고 설득하려는 욕구를 가진다. 상품을 판매하는 사람에게도 글쓰기 능력은 필요하며 강점이 될 수 있다. 상품에 대한 자신이 없으면서 글만 잘 쓴다고 해서 무조건 팔린다는 것은 아니다. 적어도 자신이 가진 상품에 대한 확신을 글로 제대로 표현할 줄 알아야 한다.

글을 쓰는 것은 타고난 능력은 아니라고 생각한다. 쓰면 쓸수록 더 잘 쓰게 되기 때문이다. 사람들과 공감하려는 욕구가 클수록 그 능력은 빠르게 향상할 수 있다. 자신만의 생각만을 상대에게 주입하려는 목적의 글은 설득력이 없다. 자기 생각에 대한 믿음만큼 더 좋은 글을 쓸 수 있고 사람들의 마음에 와닿을 것이다.

존 스튜어트 밀John Stuart Mill은 "신념을 가진 1명은 관심만 있는 99명보다 힘이 세다."라고 말했다. 당신이 글을 읽을 때, 글을 쓴 사람의 진심과 혼이 담겨 있지 않았다면 감동할 수 있을까? 그 사람의 글을 계속 읽고 싶다는 마음이 들 수 있을까?

글을 쓰기 이전에 자신을 설득할 수 없는 상품이라면 고객을 설득할 수 없다는 기본 전제가 필요하다. 말하는 내용과 실체가 다르다면 그 누구도 설득할 수 없다. 글쓰기 전략이라고 해서 남보다 글로써 표현을 잘하는 것만이 답이 아니다. 표현력보다 중요한 것은 '사람들의 마음을 움직이는 무언가가 있느냐' 하는 것이다. 진정성이 묻어나는 내용을 전달하고 있는가가 중요하다. 지금은 그럴듯한 글과 말보다 '사람의 마음을 움직이는 사람'이 승리하는 세상이다.

글을 쓸 때는 어떻게 쓰는가보다 '무엇을 쓸 것인가'가 훨씬 중요하다. 상품에 대한 홍보성 글보다는 상품에 관련된 스토리를 올리고 잠재 고객과 소통하는 방식이 좋다. 예를 들어, 부모님을 위한 건강식품이라면 부모님과의 에피소드를 전달하면서 자연스럽게 공감을 불러일으키면 좋을 것이다. 아기 옷을 만들어 판매한다면, 좋은 원단을 찾기 위해 노력하는 자신의 일상을 보여주고, 얼마만큼의 정성을 들이는지 고객에게 알리는 것이 효과적이다.

창업을 시작하면서, 눈앞의 이익만을 추구하기보다는 '뿌리를 단단하게 내린다'는 마음으로 하는 것이 좋다. 정성을 들이는 행동 하나하나가 기반을 다지는 작업이라는 것을 잊지 말자. 창업을 시작하고 자신이 하는 모든 말과 행동에는 의미가 담겨있어야 한다.

'글을 잘 쓴다'는 것은 아마도 읽는 사람이 쉽게 공감할 수 있다는 의미일 것이다. 사람들이 공감하는 글을 쓰기 위해서는 그 전에 좋은 책을 늘 가까이에 두는 습관을 지니라고 말하고 싶다. 배우지 않고 창조해낼 수 있는 것은 거의 없다. 좋은 글을 많이 읽은 사람이 좋은 글을 쓸 수 있다. 그래서 책을 읽으면 읽을수록 공감 능력이 향상된다고 하나 보다. 필자 역시 진득하게 앉아 책 읽는 것이 삶의 큰 기쁨이므로 책과 사람을 통해 공감대를 형성하는 것이 가치 있다고 늘 생각한다.

마켓을 운영하려고 하는 사람이 가장 많이 고민하는 부분이 사진과 글이다. 상품에 대한 자신감은 있지만, 사진을 잘 찍는 것도 글을 잘 쓰는 것도 고민이다. 사실, 사진을 찍는 것과 글을 쓰는 것은 반복할수록 그 실력이 향상될 수밖에 없다.

처음에 블로그 마켓을 운영할 때, 제품에 대한 자신감이 있었기 때문에 사진을 잘 찍으려고 신경을 많이 쓰지는 않았다. 어떻게 하면 고객과 좋은 상품을 함께하고 싶은 마음을 전달할 것인가에 집중했다. 필자가 쓴 글에는 나의 마음이 담긴다는 것을 알았다. 블로그에 글을 쓰면서 그 마음을 상대방도 느끼게 된다고 스스로 깨달았다. 그러니 글을 쓰기 시작할 때, 너무 큰 부담감을 가질 필요는 없다.

글을 쓰기 전에 상품에 대한 이해, 고객에 대한 이해가 먼저다.

고객은 상품을 사기 위해 어떤 고민을 하는지 곰곰이 생각해보아야 한다. 비슷한 상품을 판매하고 있는 다른 마켓은 어떤 이야기를 하는지, 그들과 다른 본인의 강점은 무엇인지 분석해본다. 상품을 사기 위해 검색을 통해 마켓으로 들어온 사람이 어떤 목적으로 구매를 하려고 하는지, 어떤 것이 구매의 걸림돌이 되는지 등을 이해한다면 고객을 설득하는데 수월해진다.

수많은 마켓을 둘러보다 보면, 특별한 사진 기술로 찍었다는 느낌을 받지 못했다. 상품을 소개하기 위해 줄곧 사진을 찍다 보면 어떤 부분을 더 신경 써서 찍어야 하는지 알게 된다. 다른 사람이 어떻게 사진을 찍는지도 많이 살펴보고 자신의 사진은 무엇이 잘못되었는지 스스로 검토하는 습관이 잡힌다면 실력은 좋아질 수밖에 없다. 사진과 글이 잘 어우러질 때, 고객을 설득하기가 쉽다.

이제는 마켓을 운영하는 사람도 자신의 판매 채널을 하나만 운영하지 않는다. 자체 쇼핑몰이 있다고 해도 블로그나 SNS로 잠재 고객과 소통하고 정보를 공유하기 위해 노력한다. 긴 글이라면 기획력이 있어야 하고 짧은 글이라면 그만큼 강렬함이나 여운이 있어야 할 것이다. 하고 싶은 말을 짧은 글 속에 간결하게 담는 것도 글쓰기 능력이다.

얼마 전 우연히 한 블로그를 들여다보았다. 글쓴이의 진심이 전해져서 그런지 며칠이 지나도 그 글이 잊히지 않았다. 예전에 블로그 마켓을 운영한 자신의 스토리를 블로그에 담았기 때문이다. 결혼 후 경솔하게 직장을 그만둔 그녀는 내내 회사에 사표를 낸 걸 후회했다고 한다. 블로그로 판매를 하면서 정말 재미있었고 트렌드에 맞는 아이템을 잘 선정해서 대박 아이템을 몇 번 만들기도 했다. 그런데 임신 상태에서 무리하다가 건강이 악화하여 아이를 위해 그마저도 그만두었다고 했다. 그때 자신이 쏟았던 열정과 가슴 뛰었던 경험을 그녀는 몇 년이 지난 후, 회상하고 있었다.

자신이 좋아하는 일을 하는 기쁨이 시간이 지나도 가슴 속에 남아 있는 것 같았다. 그녀의 진정성이 묻어나는 글을 읽으며, 블로그 마켓을 할 때 얼마나 열정을 쏟았을지 상상이 되었다. 글 하나에 마음을 담는 그녀를 보면서 '그런 그녀의 진심이 많은 고객을 만들어내지 않았을까?' 하는 생각을 해보았다.

인스타그램, 페이스북, 블로그, 유튜브 모두 사람들과 댓글로 소통한다. 한 줄의 글이지만 상대방의 기분을 좋게 할 수도 있고 기분 나쁘게 만드는 글도 있다. 그냥 친구라면 상대방을 잘 알기 때문에 어떤 글에도 이해하고 넘어갈 수 있겠지만 고객은 다르다. 잠재 고객이 될 사람에게는 한 줄의 글이 처음이자 마지막이 될 수도 있다. 따라서 한 줄을 남기더라도 애정과 관심을 담아야 한다.

누군가를 진심으로 좋아하면 누가 시키지 않아도 좋은 말, 기분 좋은 말이 절로 나온다. 글도 마찬가지다. 아무리 글쓰기 능력이 없더라도 사랑하는 사람에게는 서툰 글이라도 진심이 전해질 것이다. 마음이 먼저고 그다음이 표현된 글이다. 글에 진심을 담으면 고객에게 더 가까이 다가갈 수 있다.

마켓으로 창업하는 사람에게 상품 판매에만 신경 쓰지 말고 블로그나 SNS에 글을 쓰고 소통하는 시간도 계획을 세우고 운영하라고 말한다. 자신이 목표하는 바가 명확하다면 그 목표를 이루기 위한 명확한 계획과 철저한 실천이 뒷받침되어야 한다. 블로그에 글을 쓰는 것을 주 3회로 정한다면 어떤 요일에 쓸지, 인스타그램과 페이스북은 하루 얼마의 시간을 투자할지, 어떤 내용으로 올리고 소통할지 세세한 계획을 세워서 실천한다.

하루 중 글을 쓰기 편한 시간은 언제인지, 그냥 흘려보내는 시간은 언제인지 점검해보고 그 시간에 틈틈이 쓰는 것이 좋다. 일상을 알차게 보내고 있다는 느낌이 들 것이며, 시간의 소중함, 소통하는 즐거움을 함께 누릴 수 있다. 글을 쓰다 보면 자신도 모르게 일상에서 글감을 찾는 노력을 기울인다. '고객을 위해 무엇을 할까?'를 고민하게 되고, 일하면서 얻은 노하우를 글로 남기고 싶다는 생각이 들 것이다. 주변을 돌아보면 가까운 사람을 통해서든 일상에서든 글의 소재는 무궁무진하다. 늘 메모하는 습관이 생기면 쓸 거리가 없어서 고민하는 일은 없을 것이다.

사실 책 쓰기도 마찬가지여서 드라마를 보든 영화를 보든 누군가를 만나고 일을 할 때도 늘 책의 소재에 대해 생각하며 더욱 집중한다. 목표가 명확한 일에는 더욱더 빠르게 탁월해질 수 있다.

당신을 전혀 몰랐던 사람도 올리는 글을 통해 당신이 어떤 사람인지 알게 된다. 글을 통해 세상 모든 이들과 친구가 될 수 있다. 각박한 세상에서 글에 담긴 작은 유머로 함께 웃을 수 있다면 사람들은 당신을 더 좋아하게 될 것이다.

윈스턴 처칠은 "유머는 매우 진지한 일이다."라는 말을 했다. 농담만 일삼으면 사람들 사이에 웃음거리가 될 테지만, 목적에 맞는 유머를 하면 사람들이 당신에게 가졌던 경계심을 스스로 풀 것이다. 어떤 순간에도 마음의 여유를 가진 사람이 승리한다는 것을 말해주는 것 같다. 좋은 글은 사람들에게 도움을 주고 자신의 진심이 담겨 있다. 그런 마음이 자신이 판매하는 상품에도 그대로 담길 것이다. 팔지 않고 팔리게 하는 글쓰기 전략은 자신의 마음에서 시작된다는 것을 잊지 말자.

고객들의 마음을 사로잡는 공간이란 어떤 것일까

요즘은 감성 마케팅이 필수인 시대다. 당신은 광고를 보고 눈물을 흘린 적이 있는가? 당신은 감동을 주는 어떤 것에 대해 긍정적인 신뢰를 하게 된다. 판매하는 상품에 관한 이야기보다 간접적인 스토리텔링 마케팅에 관심을 가져보자. 사람들의 마음에 파고들 수 있는 이야기를 만들고 사람들에게 가까이 다가가야 한다. 고객이 공감할 수 있는 이야기를 전달해야 팔린다.

이제 브랜드는 스토리에 그들이 지향하고 보여주고 싶은 가치를 담고 사람들은 그 제품을 선택함으로써 스토리가 주는 가치를 산다. 이를 통해 기업이 만들어낸 '아름다운 이야기'에 자신도 동참한다는 기분을 느끼며 좀 더 가까이 다가간다. 이제는 사람들이 제품이 아닌 그 제품이 들려주는 이야기를 산다고 해도 과언이 아닌 시대이다.

마켓을 운영할 때는 우선 고객이 방문하고 싶은 공간으로 만들어야 한다. 그러기 위해서는 그만큼의 매력을 갖추어야 한다. 자신이 판매하고 있는 상품을 현재 필요로 하는 사람만 구매하는 것은 아니다. 관심이 없고 필요도 없었지만, 어느 순간 가지고 싶다는 마음이 들 수도 있다.

사람들은 돈을 쓸 때 이성적인 판단을 할 때가 있고 아닐 때가 있다. 실제로는 자신의 욕망을 채우기 위한 수단으로서 소비를 많이 한다. 밥은 싼 음식으로 먹지만 디저트는 비싼 것을 선택하는 심리도 이런 것이다. 월급보다 비싼 명품 가방을 사고, 쓰지도 않는 고가의 물건을 소유하는 것만으로도 만족을 느끼는 이들이 생각보다 많다. 사람들의 심리는 어떻게 변화하고 있는지 늘 관심을 가져야 한다. 어떤 공간에 머무르고 싶은지, 어떤 사람들과 함께하고 싶은지 알아야 무엇을 팔든 팔릴 것이다. 스티브 잡스는 다음과 같은 말을 했다.

사람들은 보여주기 전까지 그들이 원하는 것이 무엇인지 모른다. 내가 해야 할 일은 조사 보고서에 없는 것을 읽어내는 것이다.

사람들이 자신도 알지 못하는 심리를 미리 파악하고 그런 공간을 먼저 보여줄 수 있다면 좋을 것이다. 비슷한 상품을 판매하지만, 유난히 자꾸 들여다보고 싶은 곳, 남다른 감성이 전달되는 곳, 듣고 싶은 이야기를 들려주는 곳에 사람들은 가고 싶어 한다.

사이트를 운영한다면 자신만의 색깔과 차별화가 분명해야 한다. 어떤 특색도 없다면 고객이 일부러 당신의 블로그나 SNS 또는 사이트에 방문해서 머무를 이유가 없다. 자주 들어오고 싶은 욕구를 불러일으키고 지속적인 혜택을 누릴 수 있는 공간으로 만들어야 한다. 적립금, 할인, 이벤트 등 끊임없이 고객의 관심을 끌 수 있는 노력도 필요하다. 상품이 하나 마음에 든다고 해서 계속해서 방문할 거로 생각하면 오산이다.

새로운 고객보다 기존 고객의 소비를 늘리는 것이 더욱더 빠를 수도 있으므로 충성 고객 관리는 필수다. VIP 회원은 새로운 아이템이 나올 때, 샘플을 보내준다든지, 구매율에 따른 순위를 매겨서 선물을 보내주는 것도 좋은 방법이다. 하지만 구매하지 않는 고객의 질문에도 당연히 귀 기울여야 한다. 어떤 이가 VIP 고객이 될지는 알 수 없다.

남들도 다 하는 서비스가 아니라, 남들이 하기 쉽지 않은 고객 서비스를 해야 한다. 특별한 서비스를 경험한 고객은 오래도록 당신 곁에서 함께 할 것이다.

지나친 가격 경쟁으로 고객의 마음을 사로잡을 수 있을 거라는 생각은 금물이다. 판매자가 생각하는 것보다 고객은 똑똑하고 현명하다. 가격을 무조건 낮추어 경쟁자보다 많이 판매하려는 것보다 가격을 유지하거나 올리면서 더 많은 서비스를 제공할 방법을 고민해보는 것이 좋다. 세트 상품을 판매함으로써 마진율을 높이는 것도 한 방법이다.

가끔은 홈쇼핑 방송에서 많은 아이디어를 얻을 수 있으니, 판매자의 관점으로 살펴보고 분석해보는 것이 도움이 된다. 홈쇼핑 방송은 짧은 시간에 매출을 올려야 하는 만큼 고객을 치밀하게 분석하고 나서 판매에 들어간다. 안 사면 후회할 것 같은 마케팅을 펼친다. 필자 역시 홈쇼핑 방송을 보면서 나도 모르게 전화번호를 누르고 있는 모습을 발견한 적이 많다. 본인이 운영하는 마켓에 어떤 부분이 적용 가능한지 연구해야 한다. 자신의 상품에 대한 끊임없는 고민만이 답을 줄 것이다.

잠재 고객에게 자기만 할 수 있는 서비스를 제공하고 자신만의 스토리를 들려주면서 시각적인 만족감을 함께 줄 수 있다면 효과적이다. 다음은 무료로 이미지를 사용할 수 있는 사이트다. 알고 있으면 마켓을 꾸미는 데 도움이 된다.

www.iconfinder.com

www.freepik.com

www.shutterstock.com

www.fotolia.com

www.pixlr.com

www.sumopaint.com

잘나가던 쇼핑몰의 이미지가 나빠져 한순간에 망하는 경우를 보았을 것이다. 사람들이 상품에 관한 관심만으로 사지는 않는다는 것이다. 판매자가 어떤 사람인지도 관심을 가진다. 다양한 채널을 통해서 인간미를 느끼게 하고 기부 등을 하여 긍정적인 이미지를 심어주는 것도 필요하다. 물론 보여주기식이 아니라, 판매자의 진심이 드러나면 그만큼 고객이 마켓에도 관심을 가질 확률이 높아진다. 고객은 좋은 일을 하는 기업의 물건을 사용하면서 자신도 좋은 일을 한다고 느낀다.

사이트를 운영하거나 SNS에서 상품을 판매하더라도 자신의 이야기를 블로그나 다른 매체를 통해 들려주는 것이 좋다. 자신에 관해 이야기하는 것이 익숙하지 않더라도 연습을 통해 충분히 가능하다. 당신이 무엇을 팔든 가장 먼저 자신의 이미지를 팔아야 하는 시대이다.

《아웃라이어》의 저자 말콤 글래드웰Malcolm Gladwell은 이런 말을 했다.

연습이란 본인이 잘하고 있을 때 하는 것이 아니다. 당신이 더 잘 되기 위해서 하는 것이다.

잠재 고객은 어디에나 존재한다. 당신이 온라인상에서 숨 쉬는 모든 공간, 당신이 활동하는 모든 장소에서 고객을 만들어낼 수 있다.

내가 아는 L은 과거에 10년 이상 영업 일을 했다. 하루는 그녀의 지난 영업스토리를 시간이 가는 줄 모르고 들었다. 동화책부터 보험에 이르기까지 안 해본 영업이 없었다. 한번은 보험 영업을 하러 어느 공장에 찾아갔었는데 처음에는 아무도 반기지 않았다고 한다. 하지만 자주 찾아가면서 가지고 있는 보험의 약관을 확인해주고 그들이 가입한 보험의 문제점에 대해 일러주었다고 한다. 사람들이 하나둘 집에 있는 보험 계약서를 가지고 그녀에게 보여주었고, 시간이 지난 후 공장에서 근무하던 대부분의 사람들이 그녀를 통해 보험에 가입했다고 한다. 그녀는 매일 아침 보험 약관을 읽으며 공부했다. 그런 정성과 사람들을 위하는 따뜻한 진심으로 보험영업에서 큰 성과를 거둘 수 있었다. 그녀는 지금 쇼핑몰을 운영하기 위해 준비하고 있다. 이런 정성과 세심함을 가진 '그녀가 판매하는 상품이라면 믿을 수 있지 않을까?' 하는 생각이 들었다. 자신만의 스토리는 이처럼 힘이 있다는 사실을 알았으면 한다.

스토리는 고객과 판매자를 정서적으로 이어주는 역할을 한다. 영업을 잘하는 사람은 사람들이 단지 제품의 장점만으로 상품을 사지 않는다는 것을 잘 안다. 수많은 거절과 경험에서 고객을 대하는 진심 없이 그 어떤 것도 팔 수 없다고 알게 되었을 것이다. 그래서 영업을 오래 한 사람들은 사람을 대하는 태도가 남다른 경향이 많아 다른 일을 시작해도 잘 해낼 수 있는 확률이 높다.

필자는 쇼핑몰을 운영하면서 블로그와 인스타그램, 페이스북도 함께 한다. 글로 직접 소통하는 사람 외에 드러나지는 않지만, 나의 소식을 접하는 사람이 생각보다 많다. 그들은 필자의 소식을 궁금해한다. 이번에는 또 어떤 책을 출간했는지 어떻게 쉬지 않고 성장할 수 있는지도 알고 싶어 한다. 내가 운영하는 카페의 한 회원이 오랜 시간 필자의 감사일기를 들여다보았다고 했다. 자신도 함께하고 싶었지만, 용기가 나지 않아서 시작하지 못했다는 말을 필자에게 전해왔다.

필자가 올리는 사진, 영상, 글은 반응하는 사람만이 보고 있는 것이 아니다. 나에게 피드백을 주지 않는 수많은 이들이 필자의 스토리를 기다리고 있다. 그들은 나의 이야기를 읽고 나를 신뢰한다. 나와 더 가까워진 느낌이 들수록 내가 판매하는 상품, 서비스에 관심을 가질 것이다.

즉각적인 광고, 화려한 디자인, 우월한 사진 촬영 기술이 있다고 마켓이 성공하지 않는다. 시간이 좀 더 걸리더라도 탄탄하게 성장시킬 수 있는 자신만의 이야기를 담을 공간을 만들어가야 하고 고객에게 더 가까이 다가갈 방법을 늘 고민해야 한다. 고객들이 머물고 싶은 공간으로 만들어가기 위해서는 말이다.

당신을 온라인 마켓에서 살아남아
승승장구하게 하는 원동력

처음에 쇼핑몰을 시작하고 스스로 부족한 부분이 너무 많다는 것을 알게 되었다. 기술적인 부분, 디자인에 관한 부분은 이전에 공부한 적이 없었기 때문에 잘 모르는 것은 당연하였고 그런 부분에 대해서는 디자인적인 감각이 좋은 사람만이 할 수 있다는 편견도 있었다. 그러나 5년이 지난 지금은 그때와는 아주 다르게 생각한다. 어떤 분야든 기술과 센스는 노력하는 것에 따라서 충분히 스스로 갖출 수 있다고 여긴다.

자신이 좋아하는 일을 하는 사람은 늘 더 잘하기 위한 고민을 할 수밖에 없다. 생각하면 할수록 필요한 답을 계속 찾게 된다. 많은 것을 배우면 배울수록 더 많이 알고 싶어지며 그것을 즐겁게 배우다 보면 어느새

나만의 노하우가 되어있는 신기한 경험도 한다.

문제는 자신의 틀의 갇혀서 재능을 한정시켜 버린다는 사실이다. '능력이 없어서…', '나이가 많아서…'라는 생각으로 자신의 능력을 펼칠 기회를 스스로 막아버리는 일이 허다하다. 어리다고 빨리 배우는 것이 아니며 기초 지식이 없어서 배움이 더딘 것이 아니다. 배움에 대해 얼마나 간절한가가 중요하다. 자신의 모든 시간과 열정을 쏟아 '더는 할 수 없다'는 생각이 들 때까지 노력을 멈추지 않는 자세만이 성공으로 이끌 것이다.

성장하는 사람은 어떤 이들일까? 시간이 흐른 뒤에야 누군가는 성장했고 다른 누군가는 제자리걸음이며 또 다른 누군가는 이전보다 못한 상태라는 걸 깨닫게 된다. 지금 당장 당신의 모습은 중요하지 않다. 앞으로 어떤 그림을 그리고 어떻게 목표지점에 도달할 것인지가 더 중요하다. 시간을 자신의 편으로 만들 수 있는 사람으로 살아가야 한다. 자신의 가능성을 믿고 불가능에 도전하는 사람은 시간이 지나면서 역량을 키우고 성장하지만, 자신이 할 수 있는 일만 한 사람은 시간이 흘러도 성장은 멈추어 있다.

진심을 담은 자신만의 철학이 가장 우선되어야 한다. 자기 일을 해나가면서 무엇 보다 흔들리지 않는 철학이 든든하게 받쳐 주어야 한다. 창업을 시작한 사람은 사업가의 마인드를 가지기 위한 노력이 필요하다. 본인의 이익에 앞서 고객에게 도움을 주고 나아가 사회에 선한 영향력을 펼치겠다는 다짐만큼 강력한 동기부여는 없다. 자신의 욕심만을 채우기 위한 동기는 오래가지 못한다. 하지만 세상을 이롭게 하겠다는 다짐은 더 큰 사람으로 만들어줄 것이다.

얼마 전, 아들이 필자에게 말했다.

"엄마, 지하철에는 불쌍한 사람들이 너무 많아. 엄마가 나중에 그 사람들 만나면 돈 많이 줘. 알았지?"

그래서 이렇게 답했다. '세상에서 아프고 힘들고 외로운 사람에게 도움을 주기 위해서라도 좋아하는 일로 크게 성공하라'고 말이다. 아들이 학교에서 우수한 성적을 얻는 것보다 자신의 잠재능력을 찾아내면서 좋아하는 일로 진짜 자신의 인생을 살아가길 바랄 뿐이다.

당신이 원하는 것은 모두 두려움의 반대편에 있다고 했다. 창업을 시작해서 지속적인 열정과 노력을 쏟을 수 없는 사람의 내면에는 한결같은 두려움이 존재한다. 남보다 더 나아질 수 없을 거라는, 자신의 미래에 대해 수많은 의문점과 고민이 있을 것이다. 그렇지만 그것이 아니라 자신의 비전에 초점을 맞출 때 당신은 배움 앞에서 겸손해질 수 있다.

세계적인 동기 부여가이자 베스트셀러 작가, 사지가 불완전한 사람 가운데 최초로 보조기 도움 없이 킬리만자로와 아콩카과산 정상에 오른 카일 메이나드 Kyle Maynard는 다음과 같이 말했다.

시수 Sisu라는 핀란드어가 있다. 자신의 능력이 한계에 달했다고 느낀 뒤에도 계속 시도할 정신력을 뜻한다. 이 단어를 가슴에 품고 살아간다. 더 계속할 수 없다고 느껴질 때, 사실은 그때 막 시작된 거라는 걸 알아야 한다.

자신의 한계까지 왔다고 생각될 만큼 온 힘을 다할 수 있는 사람이 얼마나 될까? 그들은 안다. 그 한계점이 끝이 아니라는 사실을 말이다. 한계점을 찍은 사람은 앞으로 한 걸음 더 나아갈 용기를 얻는다. 끝없는 도전과 실패를 경험하며 자신에게 주어진 한계는 스스로 결정하는 것이라는 것을 깨닫게 된다.

창업 후 가장 중요한 것은 '어떻게 해서건 살아남는 것'이다. 우리나라가 선진국과 가장 큰 차이점은 창업 후 생존율을 높이는 시스템이 부족하다는 점이다. 미국은 코프먼 재단을 비롯한 다양한 교육기관이 있어서 창업 교육을 체계적으로 한다. 우리나라는 실패했을 때 재기하기 너무 어려운 환경이다. 해마다 창업을 하려는 인구는 늘어나고 그만큼 망하는 사람도 늘어난다. 창업한다고 하면 주위 사람이 말리는 분위기는 변함이 없고, 말려도 어쩔 수 없이 창업하는 사람은 늘어난다. 이렇게 창업이 불가피한 상황에서 제도적인 뒷받침이 필요하지만, 그전에 스스로 노력으로 부족한 현실을 뛰어넘으려는 절실함이 필요하다.

사실 역량을 키운다는 것이 단지 지식을 쌓는 것을 말하는 것은 아니다. 창업에 적합한 마음 상태로 끊임없이 자신을 계발하는 것이 지식을 쌓는 것보다 훨씬 중요하다. 다른 모든 것을 유지할 힘이 그 안에 내재하여 있기 때문이다. 미국의 신화 학자인 조지프 캠벨Joseph Campbell은 이런 말을 했다.

나를 알고, 나를 사랑하다 보면 지금의 나를 넘어설 수 있으며, 이것이 야말로 진정한 성장이다. 당신의 삶은 자신감을 무기로 성장해가는 당신의 신화인 것이다.

동양 고전인 《맹자》에는 '불위야 비불능야不爲也 非不能也'라는 말이 있다. '하지 않는 것이지 못하는 게 아니다'라는 의미다. 즉, 작정하고 덤비면 무엇이든 할 수 있다는 뜻이다. 자신이 진짜 아는 것은 타인에게 가르칠 수 있어야 한다. 필자 또한 창업을 희망하는 사람들에게 컨설팅하며 자연스럽게 더 많은 공부를 한다. 쇼핑몰을 운영하면서 얻은 노하우를 지속해서 전수해줄 수 있는 것도 끊임없이 이 일을 하고 있기 때문이기도 하다.

그저 상품을 판매하려고만 했다면 굳이 이토록 열심히 공부하지 않았을 것이다. 끊임없이 성장하고 변화하고 싶어서 계속 배우고자 한다. 당신이 처음 경험하는 일도 기꺼이 받아들이고 그것을 위해 해보지 않은 공부와 연구를 하며 당연히 그것을 할 수 있는 사람이 되어야 한다. 자신이 하는 일과 관련된 책을 늘 가까이하고 트렌드를 놓치지 않기 위해 뉴스, 신문 기사 등을 보는 습관이 필요하다.

남들보다 늦게 시작한 일이어도 이미 하는 사람보다 더 몰입하고 파고든다면 충분히 더 잘할 수 있다고 믿는다. 중요한 것은 '나도 할 수 있다'는 자신감이다. 할 수 없다고 생각하는 일을 기꺼이 받아들이는 용기다. 그런 마음으로 당신은 한 뼘 더 성장할 수 있다.

아무것도 모르는 상태에서 홀로 창업했던 그 순간을 나는 잊지 않는다. 거래처 사장과 고객 때문에 웃고 울었던 시간들을 기억한다. 누구나 처음은 있다는 것을, 힘겨운 시간들을 거쳐야만 더 성장할 수 있다는 것을 안다면 지금의 두려움 또한 당연하다는 것을 깨달을 수 있을 것이다.

현재 자신이 알고 있는 것만이 정답이 아니라는 열린 마음, 남의 의견에 귀 기울이는 겸손한 태도, 모르는 것을 알고자 하는 마음이 성장의 필수조건이다. 불가능에 도전하는 사람이 늘 성장하고 끝끝내 승리한다는 사실을 잊지 말자.

온라인 마켓 창업을 시작하고 생각처럼 쉽지 않다고 느끼는 이들이 많을 것이다. 그런 사람을 보면서 시작조차 하지 못하고 망설이는 사람도 있을 것이다. 누군가 필자에게 "시작하기에 쉬운 일이 무엇인가요?"라고 묻는다면, 자신 있게 "그런 일은 없어요."라고 말할 것이다.

새로운 도전은 누구에게나 힘들다. 그렇더라도 첫발을 내디디고, 또 내딛는 인내심을 매일 발휘한다면 어느 순간 익숙해지고 자신만의 노하우를 만들어갈 수 있다. 단, 끊임없이 공부하며 창업가의 역량을 키워나가겠다는 다짐을 한다면 말이다. 좋아하는 일을 하며, 두 번째 인생을 살아갈 당신을 응원한다.

나는 퇴근 후
온라인 마켓으로
출근한다